Mojej Rodzinie, której miłość
zawsze stoi za mną murem.

Kasia Bem

Happy Detoks

10-dniowy
holistyczny program
odnowy organizmu

KSIĄŻKA INTERAKTYWNA

Zdjęcie autorki na okładce: Paweł Figurski
Grafika na okładce: Shutterstock.com
Fotografie w książce: archiwum prywatne, Fotolia, Forum

Dyrektor wydawniczy: Małgorzata Franke
Dyrektor ds. projektów specjalnych: Magdalena Cylejewska
Redaktor naczelna: Anka Woźniak
Product manager: Katarzyna Mirowska

Redaktor prowadząca: Marta Urbaniak
Projekt graficzny i skład: Urban Zen Studio
Konsultacja merytoryczna: Zuzanna Antecka
Fotoedycja: Alexander Morgunov
Korekta: Joanna Kozłowska

Informacje zawarte w tej książce nie są poradą medyczną.
W przypadku poważnych schorzeń i dolegliwości nie powinny być wprowadzane w życie bez fachowej konsultacji lekarskiej.

Druk: Drukarnia Perfekt SA

ISBN: 978-83-7989-565-6

Wydawnictwo Edipresse-Kolekcje Sp. z o.o.
ul. Wiejska 19
00-480 Warszawa

Biuro Obsługi Klienta
czynne pon.–pt. 8.00–17.00
tel.: 22 584 22 22
faks: 22 584 22 32
e-mail: bok@edipresse.pl

EDIPRESSE
KOLEKCJE

Spis treści

„Szanuj siebie na tyle, aby odejść od wszystkiego,
co Ci nie służy, co Cię nie rozwija i co nie daje Ci szczęścia”.

Zamiast wstępu

Nie spotykamy się przypadkiem. Przypadki nie istnieją. Sięgnęłaś po tę książkę, bo masz ku temu powód. Może nawet nie wiesz dokładnie jaki, ale nie analizuj tego. Widocznie tak miało być. To bez znaczenia, co Cię przyciągnęło, ważne jest, że trzymasz w ręku książkę, która zmieni Twoje życie. Napisałam ją z pasji i serca. Z przekonaniem i odpowiedzialnością dzielę się z Tobą wiedzą, narzędziami i praktykami, które odmieniły życie moje i setek kobiet, także stosujących polecane przeze mnie metody. Wszystko, o czym tu przeczytasz, przetestowałam na sobie i osobach, które biorą udział w moich warsztatach z jogą i dietą oczyszczającą. Jestem im ogromnie wdzięczna, gdyż to właśnie oni nieustannie zachęcali mnie do napisania książki. Przez ostatnie kilka lat słyszałam słowa zachęty na tyle często, że w końcu postanowiłam to zrobić. Z całego serca dziękuję za dodanie mi skrzydeł. Mam nadzieję, że ta książka będzie zachętą i inspiracją dla tych z Was, które wierzą, że nie ma rzeczy niemożliwych, a także w to, że zmiany trzeba zaczynać od siebie i u podstaw. A nie ma niczego bardziej podstawowego od oddechu i jedzenia. I nikogo ważniejszego niż Ty – lepiej w to uwierz! Jedz dobrze, oddychaj pełną piersią i kochaj siebie – to moje przesłanie dla Ciebie, fantastycznej kobiety, która sięgnęła po tę książkę. Tak, to o Tobie – jesteś fantastyczna! ☺

> „Życie jest proste. Wszystko się wydarza dla Ciebie, nie Tobie. Wszystko dzieje się w idealnie dobrym momencie, ani zbyt wcześnie, ani zbyt późno. Nie musi Ci się to podobać, tyle że jest łatwiej, jeśli będzie”.
>
> — Katie Byron

Z życzliwością i pasją

Kasia Bem

Rozdział I

Każdy koniec jest początkiem

„Kiedy zgasło nade mną
słońce,
musiałam sama
stać się słońcem.

To było trudne,
ale teraz
jaka wygoda”.
– Anna Świrszczyńska

Wydajesz mi się znajoma

Ogromnie jestem ciekawa Ciebie – kobiety, która sięgnęła po moją książkę. Chociaż tak naprawdę mam wrażenie, że Cię znam. Znam Ciebie, bo siebie znam. Na poznawanie siebie poświęciłam wiele lat. Czasem było to przyjemne, czasem bolesne i trudne, ale zawsze ważne i potrzebne, bym mogła żyć, tak jak chcę, i być tym, kim pragnę. Dziś jestem nauczycielką jogi i medytacji. Na moje warsztaty i sesje jogi przyjeżdża kilkaset osób rocznie, głównie kobiety. Przekonałam się przez te wszystkie lata, że choć różnimy się od siebie na podstawowym poziomie postrzegania: Ty (załóżmy) jesteś blondynką, ja brunetką, Ty (być może) nosisz markową biżuterię, ja kolorowe koraliki z Indii, Ty jesteś singielką, ja w związku (lub akurat na odwrót), Ty pracujesz w dużej korporacji (lub nie), ja uczę jogi – to wszystko to tylko etykietki bez znaczenia, tworzące sztuczne różnice, gdyż na poziomie najgłębszych naszych pragnień i motywacji jesteśmy w gruncie rzeczy takie same. Chcemy być szczęśliwe i chcemy, aby nasi bliscy byli szczęśliwi. Chcemy kochać i być kochane. Pragniemy akceptacji, tęsknimy za bliskością, potrzebujemy przyjaźni. Czasem czujemy się słabe, a czasem silne, czasem spokojne, a czasem na skraju załamania nerwowego. W tej naszej biegunowości tkwi wielka moc, pod warunkiem że odkryjemy, zaakceptujemy i pokochamy siebie. Gdy rozmawiam z kobietami, jestem pełna podziwu dla łączącej nas wszystkie pasji, mocy i determinacji. Kobiety są niesamowite! Ile w nas gotowości do zmiany! Wszystkie nosimy w sobie wielki potencjał do przeżywania życia od jego najlepszej strony. Doświadczam tego osobiście każdego dnia i byłam świadkiem przemian wielu kobiet, z których każda udowadnia, że szczęście jest na wyciągnięcie ręki. Trzeba tylko zakasać rękawy, przejąć odpowiedzialność, chwycić za ster, złapać wiatr w żagle i dobić do portu, który nazywa się szczęście.

Mantra So-ham: „Ty i ja to jedno".

Szczęście to duże słowo? Jeśli Cię przeraża, nie czytaj tej książki. Do bycia szczęśliwą potrzebna jest odwaga i determinacja. Tak, po drodze do tego stanu, który jest dostępny każdej z nas, trzeba będzie wziąć się w garść, podjąć kilka niewygodnych decyzji, wyjść ze strefy komfortu, zmierzyć się ze sobą i dokonać zmian.

Ja nie mam wątpliwości, że warto, ale moje życie to moja sprawa, a Twoje życie to Twoja. Nikt za Ciebie pracy nie wykona. Jak mawiają Indianie: możesz doprowadzić konia do wodopoju, ale nie zmusisz go, żeby się napił. W tej książce znajdziesz mnóstwo inspiracji, ale to Ty zdecydujesz, co z nimi zrobić.

Nawet jeśli teraz jesteś na zakręcie, nawet jeśli nie lubisz swojego odbicia w lustrze, nawet jeśli tkwisz w relacji bez perspektyw, nawet jeśli wydaje Ci się, że utknęłaś w martwym punkcie swojej kariery lub związku, to ja Ci mówię, że to bardzo dobrze. To znakomity punkt wyjścia do zmiany. Dlaczego masz mi uwierzyć? Bo zmieniłam w swoim życiu wszystko!

Moja droga do szczęścia

Moja życiowa układanka rozsypała się po trzydziestce. Wcześniej, zanim zostałam nauczycielką jogi i medytacji, przez kilkanaście lat pracowałam w wielkich korporacjach, odnosząc sukces za sukcesem. O ile w pracy (najczęściej jako dyrektorka zarządzająca dużymi zespołami) i w domu (jako mama małego chłopca i żona równie zapracowanego męża) dawałam z siebie wszystko, o tyle zaniedbywałam swoje prawdziwe potrzeby, marzenia i pragnienia. Mój największy błąd? Wszystko i wszyscy byli ważniejsi ode mnie. Czas dla siebie traktowałam jako fanaberię albo egoizm. To po pierwsze. Po drugie, nie miałam pojęcia o metodach pracy z ciałem i umysłem, takich jak joga, medytacja, uważność, które prawdopodobnie mogły zadziałać terapeutycznie i profilaktycznie już wtedy, gdybym tylko wiedziała, jak z nich korzystać. Po trzecie, choć zawsze ważne było dla mnie zdrowe odżywianie, nie miałam na ten temat takiej wiedzy, jak dziś. Beztrosko piłam pięć kaw każdego dnia, co wieczór winko, a gdy dopadał mnie stres lub wymagający projekt, jadłam nieregularnie byle co i potrafiłam wypalić paczkę papierosów dziennie. Nic, co ludzkie, nie było mi obce.

> „Wiesz, że nie możesz być szczęśliwa, jeżeli czasami nie bywasz nieszczęśliwa, prawda?”
>
> – Lauren Oliver

Gdyby ktoś wtedy powiedział mi, że w przyszłości zostanę nauczycielką jogi i medytacji, pomyślałabym, że postradał zmysły. Ja i joga?! Błagam! Co za dziwaczny pomysł? Co za niedopasowana para! Przy mojej energii to ja mogę biegać, skakać, pływać, latać, ale nie siedzieć nieruchomo przez półtorej godziny. Nie, to nie dla mnie. Tak właśnie myślałam i próbowałam rozładować stres w klubach fitness, biegając, jeżdżąc na nartach, pływając na desce windsurfingowej albo imprezując. Było miło, a jednak wewnętrzne napięcie nie znajdowało ujścia. Jakaś ważna część mnie domagała się uwagi, ale ja tego nie widziałam (a może nie chciałam widzieć?). Byłam potwornie zajęta, biegłam na tenisa, gnałam na służbowe kolacje, pędziłam na spotkania z przyjaciółmi, nie dosypiałam, automatycznie realizowałam zadania z niebezpiecznie wydłużającej się listy spraw, w pracy dostawałam nagrody, w domu jedną ręką ubierałam synka, drugą suszyłam włosy, a nogą domykałam piekarnik, w którym piekła się ulubiona przez domowników toskańska zapiekanka z bakłażanów. Nawet do głowy mi nie przyszło, że stoję nad krawędzią. Nawet wtedy, gdy przez pół roku spałam noc w noc najwyżej przez dwie godziny. Nawet wtedy nie wyhamowałam. Dam radę, myślałam. Przecież zawsze dawałam. Do czasu.

W końcu znalazłam się na ostrym zakręcie, zaliczyłam rozwód i kilka epizodów choroby dwubiegunowej, z których najdłuższy wyłączył mnie z normalnego funkcjonowania na pół roku. Okresy manii przeplatały się z depresją. Choroba dosłownie ścięła mnie z nóg. Pewnego dnia nie miałam siły wstać z łóżka. I tak mijał dzień za dniem, a ja się nie podnosiłam. Przepaliły się styki. Organizm był mądrzejszy ode mnie i odmówił współpracy z idiotką. Nie szanujesz się, nie słuchasz, to teraz masz – taki wysłał mi komunikat. Nikomu nie życzę podobnego braku kontaktu ze sobą. Zanim doszłam do siebie, minęło sześć miesięcy. A potem dopadł mnie kolejny epizod choroby, a po nim kolejny. To był trudny czas. Wyszłam z choroby dzięki wielkiej miłości, trosce i wsparciu moich ukochanych rodziców, dziadków, brata, byłego męża, przyjaciół oraz cudownych lekarzy. Jednak z połamanymi skrzydłami. Niepewna, wypalona, bezradna, słaba, nieszczęśliwa, przestraszona. To byłam na ówczesny moment ja. Ta sama, która wcześniej z uśmiechem i pieśnią na ustach przenosiła góry i odnosiła sukces za sukcesem.

Jednak tamta trauma doprowadziła mnie do miejsca, w którym pewnie stoję dziś: świadoma, spełniona i szczęśliwa. Jeśli cuda się zdarzają, to ja jestem cudem, jeśli można zmienić w swoim życiu wszystko, to ja zmieniłam, jeśli mi się udało, to i Tobie się uda. Proste!

Skoro już mowa o upraszczaniu, to wyznam, że uwielbiam tabelki, zestawienia i podsumowania. Zawsze tak miałam. To mój sposób na ogarnięcie rzeczywistości. W tej książce dużo będzie takich tabelkowych patentów. Za i przeciw, zyski i straty, mocne i słabe strony. Myślę, że to porządkuje sprawy. Zatem siebie też ujmę w tabelce, tak dla jasności.

Proszę bardzo – oto ja przed detoksem i po nim:

JA KIEDYŚ:	JA DZIŚ:
matka, żona,	matka, kobieta niezależna,
menedżerka wysokiego szczebla,	nauczycielka jogi i medytacji.
głównie dyrektorka w korporacjach	Pasjonatka zdrowego trybu życia.
reklamowych i medialnych,	Kobieta pogodzona i pogodna.
ale też redaktorka, dziennikarka,	Zrelaksowana.
copywriterka,	Świadoma siebie i swoich potrzeb.
odnosząca sukces za sukcesem,	Z uśmiechem na co dzień,
nieustająco pracownica roku,	ze smutkiem za pan brat.
zaganiana, zestresowana, rozrywkowa,	Zaprzyjaźniona ze swoimi wzlotami
imprezowa, alkoholowo-nikotynowa,	i upadkami. Pełna radości.
bez kontaktu ze sobą, bez oddechu,	Wulkan energii. Nie pije, nie pali.
bez refleksji, bez czasu dla siebie,	Wegetarianka na zrównoważonej diecie.
wiecznie na diecie niskokalorycznej,	Oddycha pełną piersią.
kompulsywnie	Medytuje. Pisze. Spełniona.
objadająca się ptasim mleczkiem.	Lubi siebie. Bardzo!
Rozmiar M.	Rozmiar M.

Dziś dobrze rozumiem tamtej siebie sprzed lat. Jestem jej starszą, mądrzejszą przyjaciółką. Przez te lata udało mi się to, czego ta młodsza ja jeszcze nie potrafiła – zaakceptowałam i pokochałam siebie! Na tyle, żeby nie krzywdzić się tym, co mi nie służy. W każdej dziedzinie mojego życia. Ciało, umysł, emocje, relacje, dieta – to wszystko domagało się oczyszczenia i odtrucia. Wykonałam w swoim życiu wielką pracę, wywróciłam wszystko do góry nogami, były momenty trudne, chwile zwątpienia, ale nigdy nie straciłam z oczu swoich marzeń. Podążyłam za swoją pasją i zobacz, gdzie jestem – trzymasz w ręku moją książkę! Chcę Ci przez to powiedzieć, że gdy kochasz to, co robisz, niemożliwe nie istnieje. Często jednak, by dotrzeć do swojego marzenia i móc je zrealizować, trzeba zaprosić siebie samą na detoks. Potraktuj tę książkę jako zaproszenie do odkrycia i spełnienia swoich marzeń.

Zapraszam serdecznie!

Rozdział II

Zmień swoje życie teraz

„Ludzie, którzy tracą czas, czekając, aż zaistnieją najbardziej sprzyjające warunki, nigdy nic nie zdziałają. Najlepszy czas na działanie jest teraz!”
– Mark Fisher

Happy Detoks – co to takiego?

Wyobrażam sobie Ciebie jako kobietę nowoczesną i praktyczną w takim sensie, że nie wydaje mi się, żebyś miała ochotę pół dnia siedzieć w kuchni i pichcić wymyślne dania. Nie sądzę też, abyś codzienne chciała obsesyjnie poświęcać czas na kilkugodzinne ćwiczenia. Nie widzę Cię także zbierającej i suszącej majową pokrzywę czy prowadzącej domową uprawę trawy jęczmiennej. Jeśli jesteś podobna do mnie, to pewnie chciałabyś dostać do ręki skuteczny, prosty program, który zadziała i którego efekty odczujesz szybko. Spodoba Ci się pomysł wypicia na śniadanie gęstego koktajlu z warzyw i owoców, bo jest zdrowy, pyszny i prosty w przygotowaniu, a w dodatku wszystkie jego składniki kupisz w warzywniaku za rogiem. Chętnie włączysz do swojego menu kaszę jaglaną, gdy przeczytasz o jej niezwykłych właściwościach prozdrowotnych. Poświecisz 30 minut dziennie na jogę, oddech i medytację, gdy przekonasz się, jak bardzo odmienią Twoje życie i samopoczucie na korzyść. Jeśli tak właśnie jest, to spodoba Ci się Happy Detoks – dziesięciodniowy holistyczny program oczyszczający dla szczęśliwych, aktywnych kobiet, które mają apetyt na życie i które – gdy decydują się na takie generalne porządki – chcą, żeby dodawały im one skrzydeł, a będąca ich częścią dieta była smaczna

„Nie mam czasu być nieszczęśliwa. Życie to świetna zabawa".
– Fannie Flagg

I tak będzie! Happy Detoks opiera się na prostej i pysznej (czekoladowy mus na deser, a co!) Happy Diecie pH, której założenia są na tyle nieskomplikowane, że bez trudu będziesz mogła korzystać z niej na co dzień.

Happy Dietę wspierają najskuteczniejsze narzędzia czerpiące z jogi, takie jak proste zestawy asan, prawidłowy oddech i medytacja. Na potrzeby programu Happy Detoks opracowałam krótkie, kilku- i kilkunastominutowe moduły, tak by można je było łatwo włączyć do codziennego napiętego planu dnia.

Potężna trójca – by moc była z Tobą!

Joga, ćwiczenia oddechowe i medytacja to potężna trójca, która odgrywa pierwszorzędną rolę w procesach oczyszczających ciało, emocje i umysł. Joga jest wspaniałym masażem dla organów wewnętrznych, poprawia ich ukrwienie i wydolność, wspomaga układ limfatyczny w usuwaniu toksyn. Świadomy oddech oczyszcza na poziomie fizjologicznym, a dodatkowo odgrywa ogromną rolę w transformowaniu i „odtruwaniu" naszych emocji. Umysł doskonale rozjaśnia wykonywana codziennie, choćby pięciominutowa, medytacja, najlepiej o stałej porze. Wystarczy usiąść na podłodze lub krześle, utrzymując prosty kręgosłup, zamknąć oczy, dłonie ułożyć na kolanach, złączyć kciuk i palec wskazujący, zaś uwagę skierować na oddech. Nawet taka krótka praktyka medytacyjna jest dla umysłu tym, czym prysznic dla ciała – oczyszczającym i odświeżającym zabiegiem.

Wystarczy usiąść...

Happy Detoks – Wschód wita Zachód albo na odwrót

Happy Detoks łączy wiedzę czerpiącą z nowoczesnej dietetyki z mądrością Wschodu, według której jedzenie, oddech, joga i medytacja traktowane są jako sposób na wewnętrzną równowagę, zdrowie, urodę i długowieczność. Happy Detoks dostarczy Ci wyczerpujących informacji na temat pokarmów o najkorzystniejszym pH oraz ich wykorzystania. Poznasz żywność, która leczy i odwraca procesy starzenia. Nauczysz się przygotowywać zaskakująco proste posiłki z powszechnie dostępnych produktów, które sycą i zawierają bogactwo minerałów, witamin, składników odżywczych i żywych enzymów. Zobaczysz, jak przyrządzać zielone koktajle i soki, zdrowe posiłki i słodycze bez cukru. Dowiesz się, jak za pomocą prostych ćwiczeń oddechowych i pozycji jogi przyśpieszyć procesy oczyszczania, odnowy i odmładzania.

„Nie bój się tego, co nowe – chociaż miły Ci spokój”.
– Tytus Carus Lukrecjusz

Happy Detoks to nie dieta

Oczyszczanie organizmu często mylone jest z dietą. Owszem, specyficzny sposób odżywiania się jest częścią całego procesu, ale utrata wagi znajduje się na ostatnim miejscu korzyści wynikających z detoksu. Z punktu widzenia jogi i ajurwedy, a także większości systemów medycznych innych niż medycyna konwencjonalna, człowieka należy traktować holistycznie. Proces odtruwania w takim niekonwencjonalnym podejściu będzie zatem służył nie tylko znaczącej poprawie pracy narządów wewnętrznych, odmłodzeniu czy polepszeniu wyglądu. Gdy dieta oczyszczająca jest odpowiednio wsparta relaksem, łagodną praktyką asan, oddechem i medytacją, wówczas oczyszczamy również nasze myśli i emocje, osiągając doskonałe samopoczucie, wewnętrzną równowagę i spokój. W takim stanie umysłu świadomie zaczynamy dokonywać dobrych dla nas wyborów.

Po co Ci Happy Detoks?

Dla naszego organizmu oczyszczanie to jak przegląd dla samochodu. Powinniśmy robić je regularnie, by przez długie lata utrzymać się w jak najlepszym zdrowiu fizycznym i psychicznym. Problem tkwi w tym, że o samochody dbamy bardziej niż o samych siebie! Gdy w aucie zapala się czerwona lampka, pędzimy na stację, by dolać dobrej jakości paliwa. A gdy nasz organizm próbuje zakomunikować swoje potrzeby, zwykle go ignorujemy. Na zmęczenie zamiast relaksu aplikujemy sobie kawę, akumulatory ładujemy napojami gazowanymi, podkręcamy poziom energii cukrem. Stres, pośpiech, byle jaka dieta, niska świadomość własnych potrzeb, brak ruchu i czasu dla siebie – oto jak zazwyczaj wygląda nasza rzeczywistość. Większość z nas tak bardzo przywykła do niskiej jakości życia, że akceptuje je takim, jakie jest, bo już nawet nie pamięta stanu dobrego samopoczucia, które samoistnie zapewnia zdrowy, niezaburzony i odtruty organizm. Mało tego, ponieważ nie jest nam ze sobą dobrze „od środka", sięgamy na zewnątrz po to, co sprawi, że przez chwilę poczujemy się lepiej. Wszyscy znamy specjalistów od polepszania nastroju i błyskawicznego podnoszenia poziomu energii: alkohol, używki, cukier, przetworzone jedzenie, ucieczkę w pracę, władzę czy powierzchowne relacje. Rzeczywiście, przez moment czujemy się lepiej, ale w długofalowej perspektywie ci nasi chwilowi przyjaciele okazują się najgorszymi wrogami, którzy dzień po dniu rujnują nasze życie, zdrowie i spokój ducha.

„Szczęście nie przychodzi z zewnątrz. Zależy od tego, co jest w nas samych".
– Dale Carnegie

Zadziwiające, że tak samo łatwo nie przychodzi nam zaprzyjaźnienie się z naszymi prawdziwymi sprzymierzeńcami, zwłaszcza jeśli taka korzystna relacja wymagałaby od nas odrobiny wysiłku. Łatwiej nam zostać godzinę dłużej w pracy niż znaleźć godzinę na jogę, łatwiej wydać pieniądze na leki niż na organiczne jedzenie, łatwiej zjeść kanapkę niż pięć porcji warzyw i owoców dziennie, łatwiej siedzieć w poczekalni u lekarza niż na poduszce medytacyjnej. Łatwiej i przyjemniej jest się zatruwać, odtruwanie nie jest niestety ani proste, ani przyjemne – zwłaszcza na początku. Jeśli jednak zależy nam na dobrym samopoczuciu, zdrowiu i wyglądzie, jest ono absolutnie konieczne!

Gdzie te toksyny?

Gdyby ktoś zapytał nas, gdzie naszym zdaniem znajdują się toksyny, bez namysłu wskażemy na sztuczne dodatki do żywności, zanieczyszczone powietrze i wodę, chemiczne środki czystości. Nieco więcej świadomości trzeba, by dostrzec toksyny, które zatruwają nas w mniej oczywisty sposób. Określenia takie jak toksyczne związki, toksyczne przyjaźnie, toksyczna praca, toksyczne emocje nie są nam wprawdzie obce, ale nieczęsto odnosimy je do własnego życia, a nawet jeśli zdajemy sobie sprawę z ich istnienia, to najchętniej zamiatamy je pod dywan. Tymczasem detoks, tak jak pojmuję go ja, to nie tylko odpowiednia dieta i ćwiczenia, ale zagadnienie znacznie szersze. Będę chciała Cię zachęcić, byś zaprosiła na detoks nie tylko swoje ciało, ale żebyś też zajęła się sobą jako całością. Oczywiście, Twoje ciało jest bardzo ważne. Ma być zadbane, kochane (przez Ciebie!) i sprawne, ale nie dlatego, by stać się kolejną próżną formą w pustym świecie, tylko po to, aby stworzyć najpiękniejsze mieszkanie dla serca, umysłu i duszy. Twoje ciało jest świątynią, nie śmietnikiem, dlatego tak ważne jest, aby wszystko, co tę świątynię buduje, było najwyższej jakości – od sposobu, w jaki się odżywiasz, po jakość Twoich myśli i uczuć. Dlatego w programie Happy Detoks oprócz właściwej diety tak ważne są joga, oddech i medytacja. Dopiero takie połączenie przyniesie Ci doskonałe samopoczucie fizyczne i psychiczne. Właściwy relaks, właściwe ćwiczenia, właściwy oddech, właściwa dieta, pozytywne myślenie i medytacja to fundamenty, na których zbudujesz szczęśliwą i piękną siebie – zarówno na zewnątrz, jak i w środku.

„Dla nikogo nie jest ani za wcześnie, ani za późno, by zacząć troszczyć się o zdrowie swej duszy".
– Epikur

Twój organizm – najlepsza oczyszczalnia świata!

Twoim największym sprzymierzeńcem w procesie oczyszczania jest sam organizm. Można powiedzieć, że odwala za Ciebie całą brudną robotę. Ten cud natury jest jak perfekcyjna maszyneria, której podstawowym celem jest usuwanie, neutralizowanie i przetwarzanie toksyn. Ten proces zachodzi praktycznie bez przerwy. Każda wizyta w toalecie, odkrztuszanie, pokasływanie, oddychanie czy pocenie się to nic innego jak wydalanie toksyn. Wraz z kałem i moczem usuwamy toksyczne odpady przemiany materii, wydychając, pozbywamy się trującego dwutlenku węgla, odkrztuszanie i pokasływanie to sposoby na usuwanie zanieczyszczeń z układu oddechowego, zaś skóra jest potężnym narządem, przez który eliminujemy toksyny. Naturalne procesy oczyszczające i regenerujące zachodzą także w czasie snu oraz w trakcie czasu świadomie przeznaczonego na relaks, czyli za każdym razem, gdy nasz układ wegetatywny pracuje w trybie parasympatycznym*. Tak się dzieje, kiedy praktykujemy jogę, oddech czy medytację.

„Twój los zależy od twoich nawyków”.
– Brian Tracy

Problem polega na tym, że czasem ta najlepsza oczyszczalnia świata ogłasza strajk. Ale co ma zrobić, gdy bez opamiętania dokładamy do pieca, fatalnie się odżywiając i wiodąc opłakany w skutkach tryb życia. Jak głoszą statystyki, przeciętny Europejczyk zjada trzy razy więcej niż potrzebuje i w dodatku jakość tego pożywienia pozostawia wiele do życzenia. Dieta większości Amerykanów

* Układ parasympatyczny (nazywany też przywspółczulnym) jest częścią autonomicznego układu nerwowego, który odpowiada za procesy regenerujące i uzdrawiające poprzez powrót do stanu równowagi fizjologicznej. W tym trybie funkcjonowanie AUN regulowane są funkcje życiowe organizmu: spowalnia akcja serca, reguluje się metabolizm, rozluźniają się napięcia mięśniowe, spada ciśnienie tętnicze krwi, obniża się poziom hormonów stresu, mózg wytwarza więcej endorfin, oddech spowalnia i pogłębia się. Cały organizm podlega głębokiej regeneracji. Drugą częścią AUN jest układ sympatyczny (współczulny), który odpowiada za mobilizację organizmu nazywaną reakcją walki lub ucieczki. Wtedy to organizm mobilizuje się do działania – wzrasta napięcie mięśniowe, wydzielenie hormonów stresu, kortyzolu i adrenaliny, przyśpiesza akcja serca, wzrasta ciśnienie tętnicze krwi i przyśpiesza oddech.

to już prawdziwa katastrofa. Wystarczy wspomnieć, że puszka coca-coli to równowartość dziewięciu łyżeczek cukru, a w skład współczesnej zachodniej diety w 90 proc. wchodzą: białko zwierzęce, tłuszcz, rafinowany cukier i skrobia!

Według jogi i ajurwedy posiłek idealny to taki, który w jednej trzeciej wypełni żołądek pokarmem stałym, w jednej trzeciej płynnym, a jedną trzecią pozostawi pustą. Przyjmuje się, że na jeden posiłek wystarczy nam tyle, ile mieści się w naszych dłoniach, gdyż to w przybliżeniu objętość naszego żołądka. Taka ilość jedzenia jednorazowo w trzech porcjach, a do tego dwie małe przekąski dziennie pozwalają zachować długowieczność i dobre zdrowie na lata. Według statystyk przeciętnie jemy około dwóch kilogramów pożywienia każdego dnia. Czy to nie przerażające!? Sześćdziesiąt kilogramów jedzenia miesięcznie i grubo ponad pół tony rocznie! Nic dziwnego, że jesteśmy schorowani z przejedzenia, a jednocześnie niedożywieni. Dlaczego? Bo to, co jemy, nie odżywia nas, tylko napycha!

„Jesteśmy tym, co w swoim życiu powtarzamy. Doskonałość nie jest jednorazowym aktem, lecz nawykiem".
– Arystoteles

Czas na Happy Detoks

Nasz cudowny organizm potrzebuje detoksu, gdy traci swoją naturalną zdolność do eliminacji zanieczyszczeń, czyli gdy na skutek przeciążenia toksynami nie radzi sobie dłużej z usuwaniem szkodliwych substancji. Zatrucie organizmu to nic innego jak jego nadmierne zakwaszenie i niedotlenienie. Niestety w dzisiejszych czasach zdarza się ono bardzo często i prowadzi do WSZYSTKICH poważnych chorób, w tym wszelkich odmian raka.

Powszechne dziś objawy zatrucia organizmu to:

- ciągłe zmęczenie,
- senność,
- bóle głowy, stawów, kręgosłupa,
- zdenerwowanie, niepokój, lęk, stany depresyjne, zmiany nastroju, niestabilność emocjonalna,
- skłonność do używek, cukru,

- problemy z koncentracją,
- obniżona odporność organizmu,
- obłożony język,
- cienie pod oczami,
- plamki na skórze,
- powracające stany zapalne i przeziębienia,
- wysypki,
- wzdęcia.

Jeśli odczuwasz niektóre z powyższych objawów – czas na detoks!

Happy Detoks – zdrowsza i młodsza Ty w 10 dni

Podstawowy program oczyszczający Happy Detoks zajmuje 10 dni: 3 dni trwa faza eliminacyjna, 4 dni – faza Happy Dieta pH (w tym 1 dzień monodieta), 3 dni – faza wyjścia. Bezpiecznie Cię przez niego przeprowadzę – dostaniesz przepisy i ćwiczenia na każdy dzień. Ty masz być tylko wytrwała, zdyscyplinowana i zdeterminowana. Po zakończeniu detoksu poczujesz się o niebo lepiej, a do tego będziesz wiedziała, jak utrzymać znakomite samopoczucie – nie zostawię Cię bez wskazówek. Materiał zawarty w tej książce dostarczy Ci takiej dawki wiedzy i inspiracji, że będziesz mogła bez problemu modyfikować program w zależności od swoich potrzeb i możliwości. Moim celem jest, aby Happy Detoks był pierwszym krokiem na Twojej drodze do spełnionego, szczęśliwego życia, w którym Ty sama dajesz sobie uwagę, troskę i miłość. Przeprowadzenie programu Happy Detoks jest początkiem wspaniałej przygody. Chciałabym, żebyś po przeczytaniu tej książki pomyślała: „Ależ to proste i inspirujące! Nie mogę się doczekać, żeby zacząć Happy Detoks!”. W takim razie nie czekaj – zmień swoje życie teraz!

„Jeśli chcesz kochać świat, zbawiać go, to wspaniale. Lecz najpierw pokochaj i nakarm siebie”.
– Stuart Wilde

20 Happy Detoks powodów do szczęścia

Efekty detoksu są fenomenalne, warte wszelkich wyrzeczeń!

1. Świetne samopoczucie
2. Promienna cera
3. Błyszczące oczy
4. Mocne włosy i paznokcie
5. Redukcja cellulitu
6. Jędrna skóra
7. Odmłodzony organizm
8. Właściwa waga
9. Większa kreatywność
10. Jasny umysł
11. Lepsza samoocena
12. Zwiększona witalność
13. Niesamowita energia
14. Poczucie, że można góry przenosić
15. Ożywione zmysły
16. Odzyskany smak
17. Chęć wprowadzenia zmian
18. Rozstanie się z nałogami
19. Głęboka regeneracja psychofizyczna
20. Odzyskanie kontroli nad swoim życiem

Rozdział III

Happy Detoks w 5 krokach!

„Szczęście to umiejętność, którą można wytrenować”.

– Mathieu Ricard

5 kroków do szczęścia

Polubisz Happy Detoks, bo to przyjazny program: ma jasne założenia, są w nim proste przepisy i nieskomplikowane ćwiczenia dla ciała i umysłu. Owszem, dużo w nim nowości, ale po kilku dniach bez trudu opanujesz podstawowe zasady.

Oparłam go na 5 krokach:

Krok 1

Eliminacja, czyli pożegnaj toksyczne gagatki!

Krok 2

Alkalizacja, czyli przywróć organizmowi optymalne pH.

Krok 3

Suplementacja, czyli wspomóż procesy oczyszczania.

Krok 4

Joga, oddech, medytacja
– czyli sięgnij po wszechpotężne narzędzia mocy.

Krok 5

Realizacja, czyli rozpocznij 10-dniowy
PROGRAM HAPPY DETOKS.

Ważne jest, abyś przed rozpoczęciem oczyszczania uświadomiła sobie, że Happy Detoks to nie błyskawicznie działająca pigułka szczęścia. To holistyczny program docelowo uzdrawiający ciało i duszę, który wymaga, abyś to TY przejęła odpowiedzialność za swoje życie, bo to TY masz na nie wpływ, nikt inny! Happy Detoks wymaga twojego zaangażowania, determinacji i głębokiego przekonania, że jesteś na tyle ważna, aby poświęcić sobie trochę czasu i zachodu. Jeśli masz problem z miłością własną, to powtarzaj sobie jak mantrę: KOCHAM I SZANUJĘ SIEBIE NA TYLE, ŻEBY PRZEPROWADZIĆ HAPPY DETOKS.

Jeżeli zależy Ci na długotrwałych, wymiernych efektach oczyszczania organizmu, musisz być gotowa na zmianę długoletnich nawyków i wprowadzenie do swego życia nowych przyzwyczajeń, które na początku mogą nie budzić twojego entuzjazmu. Jak oświadczył swego czasu Mark Twain: „Jedynym sposobem utrzymania zdrowia jest jedzenie tego, czego nie lubisz, picie tego, czego nie chcesz, i robienie tego, na co nie masz ochoty". Mylił się. Ze swojego doświadczenia wiem, że apetyt na zdrowie, szczęście i dobre samopoczucie rośnie w miarę zdrowienia, a zdrowe nawyki zaczynają nam z czasem smakować tak bardzo, że mamy ochotę wciąż wprowadzać nowe. Wkrótce przekonasz się o tym sama.

Twoja mantra: „Kocham siebie na tyle, żeby przeprowadzić detoks".

Rozdział IV

KROK 1 – żegnajcie toksyny!

„Motywacja jest tym,
co pozwala Ci zacząć.
Nawyk jest tym,
co pozwala Ci wytrwać”.
– Jim Ryun

Pierwsze, co musisz zrobić, aby poczuć się lepiej, to przestać obciążać organizm toksynami – radykalnie i restrykcyjnie! Jeśli zamierzasz iść na jakiekolwiek ustępstwa, to nie ma sensu, żebyś w ogóle zaczynała Happy Detoks. Twoje zadanie w pierwszej fazie oczyszczania to wykluczenie z diety płynów i pokarmów, które Cię zatruwają.

Tak, wiem, że właśnie te lubisz najbardziej. A wiesz dlaczego? Twój zatruty organizm jest od nich uzależniony (tak!) oraz dodatkowo zatracił swoją naturalną zdolność rozróżniania tego, co dla niego dobre, a co złe. Też kiedyś myślałam, że detoks to ekstrawagancja dla nawiedzonych osób, dopóki nie zaczęłam sama się oczyszczać. Każdy, nawet najkrótszy detoks przywracał mi smak i apetyt na to, co zdrowe. Oczywiście, nie jestem święta, więc po pierwszym oczyszczaniu swoje kroki skierowałam prosto do lodziarni. Kupiłam sobie moje ulubione czekoladowe lody. I wiesz co? Po kilku „lizach" wyrzuciłam je do kosza – były obrzydliwie słodkie. Nie smakowały mi. Mimo że lody to zwyczajnie głupi pomysł po detoksie, to doświadczenie pokazało mi, że mój odtruty organizm nie chciał już takiego sztucznie podkręconego, słodkiego smaku. Ale aby się o tym przekonać, musiałam wcześniej przejść oczyszczanie.

← – Krok 1

Na tydzień przed rozpoczęciem programu całkowicie wyeliminuj ze swojego pożywienia szkodliwe, zakwaszające i zatruwające toksyny!

To konieczne! Rozpoczęcie detoksu „z marszu" może przynieść więcej szkód niż korzyści. Podstawą oczyszczania jest całkowite odstawienie produktów zakwaszających organizm na rzecz lekkiej diety zasadowej, która pomoże przywrócić prawidłowe pH organizmu, dzięki czemu nie będzie on wykorzystywał energii na strawienie pokarmu tylko na procesy oczyszczania. Aby zminimalizować przykre odczucia towarzyszące odtruwaniu, należy się do tego procesu świadomie przygotować.

By odczuć kapitalną poprawę zdrowia, samopoczucia i wyglądu, ogranicz, a najlepiej zrezygnuj z kofeiny (kawy, herbaty, napojów typu coca-cola, drinków energetyzujących), alkoholu, cukru, papierosów, białej mąki, mięsa, mleka, jajek i innych produktów pochodzenia zwierzęcego. Stanowczo odradzam rozpoczęcie detoksu z dnia na dzień, bez wyeliminowania na co najmniej trzy dni tych produktów z diety. Papierosy, alkohol i kawę należy odstawić NA TYDZIEŃ WCZEŚNIEJ!

To nie będzie łatwe, wiem dobrze☺, ale nieprawdopodobnie złagodzi skutki oczyszczania i ułatwi cały proces. Jeśli to dla Ciebie pomocna wskazówka – nie wystawiaj się w tym czasie na pokusy i po prostu oczyść lodówkę z takich produktów – łatwiej jest oprzeć się czemuś, czego nie masz pod ręką.

Jesteś tym, co jesz

Wprawne oko natychmiast rozpozna, jak wygląda na co dzień twoja dieta. Osoba na lekkiej, zbalansowanej diecie warzywno-owocowej z dodatkiem kasz, ziaren i dobrych tłuszczów, zwykle tryska zdrowiem. Ma promienną cerę bez przebarwień, jasne białka oczu, błyszczące włosy i doskonałe paznokcie. Osoba, w której diecie dużo jest przetworzonej żywności, białego cukru, mąki i używek, ma często opuchniętą twarz (na skutek zatrzymania wody w tkankach), co deformuje rysy i dodaje lat. Na jej skórze z powodu przeciążenia funkcji wątroby pojawiają się plamy i przebarwienia, zaś ogólne zatrucie organizmu objawia się wypryskami i wszelkiego rodzaju alergiami. Alkohol dramatycznie wysusza cerę, a palenie papierosów to dla naszej urody jak zanurzenie pędzla do nakładania różu w popiele i namalowanie sobie nim rumieńców. Dieta ma kolosalne znaczenie dla naszego wyglądu! Nie można być piękną, nie będąc zdrową.

Happy Detoks: faza eliminacyjna

Podstawą Twojej diety w fazie eliminacyjnej będą surowe, gotowane i pieczone warzywa oraz owoce i pełne ziarna zbóż. W dużych ilościach dostarczają witamin, minerałów oraz enzymów potrzebnych każdej komórce. Zawierają także błonnik, który jak ostra szczotka wymiata z jelit wszystko to, co nie powinno w nich zalegać. Na tym etapie zaczynamy już wspierać cały proces odpowiednim relaksem, praktyką jogi, oddechem i medytacją, co przyśpieszy i ułatwi odtruwanie organizmu oraz podziała kojąco na system nerwowy, umysł i emocje (przepisy i ćwiczenia znajdziesz w kolejnych rozdziałach).

„Patrz na siebie jak na osobę, którą chcesz się stać, a nie jak na taką, którą jesteś dziś".
– Brian Tracy

Co jeść i pić, przygotowując się do detoksu

- Kasze z warzywami lub owocami. Najlepszym wyborem w procesach oczyszczania, ze względu na odczyn zasadowy, jest kasza jaglana (w następnej kolejności wybieraj: komosę ryżową, czyli quinoę, jęczmień, kaszę gryczaną, brązowy ryż). Kaszę jaglaną można zjeść na śniadanie ugotowaną z wodą i owocami, na lunch z surowymi warzywami w formie sałatki z dobrą oliwą, na kolację z warzywami gotowanymi lub smażonymi, a także jako krupnik jaglany.
- Koktajle owocowo-warzywne – wszelkie możliwe połączenia. Śmiało miksuj świeżo wyciśnięty sok pomarańczowy z bananem, truskawkami, ananasem, jabłkiem, gruszką lub kiwi z sałatą, szpinakiem, natką pietruszki, awokado i odrobiną wody. Takie koktajle to niesamowicie sycące bomby witaminowe.
- Zupy – lekkostrawne i pożywne, są świetne na lekką kolację z kromką pełnoziarnistego pieczywa.

- Sałatki bez ograniczeń – owocowe lub warzywne, z lekkim winegretem, posypane uprażonymi ziarnami słonecznika, dyni lub siemieniem lnianym.
- Dużo wody, wody i jeszcze raz wody! Jeśli nie lubisz zwykłej wody, „ożyw" jej smak plasterkiem pomarańczy, cytryny, ogórka, listkiem mięty albo bazylii.
- Herbaty ziołowe, czerwone i zielone.
- Jeśli kawa musi być, to niech to będzie maleńkie espresso raz dziennie.

Możesz, jeśli myślisz, że możesz!

Trudne początki

Na tym etapie programu Happy Detoks musisz być przygotowana na to, że czasem, aby stać się szczęśliwą, trzeba najpierw być nieszczęśliwą. No cóż, początki bywają trudne, ale efekty, uwierz mi, bezwarunkowo warte są wyrzeczeń. Dla każdego detoks będzie zupełnie innym doświadczeniem, uzależnionym od ogólnego stanu zdrowia, dotychczasowego trybu życia, nawyków żywieniowych, poziomu stresu na co dzień, doświadczenia w przeprowadzaniu tego typu procesów. Niezależnie jednak od indywidualnych czynników, każdy – w mniejszym lub większym stopniu – odczuje nieprzyjemne skutki odtruwania. Są to zupełnie NORMALNE OBJAWY. Na skutek uwalniania się toksyn do krwiobiegu następuje tak zwany kryzys oczyszczania, zwany także kryzysem ozdrowieńczym, czyli przeciążenie nimi organizmu. Najbardziej typowe objawy to: bóle głowy, nudności, senność lub bezsenność, obłożenie języka białym nalotem, nieświeży oddech, silny zapach potu i moczu, zaparcia, uczucie zimna, objawy grypopodobne, wypryski na skórze, zapchane zatoki, chwiejność emocjonalna, rozdrażnienie. Pierwsze dni oczyszczania organizmu nie są ani łatwe, ani przyjemne, zwłaszcza dla osób, które na co dzień prowadzą niehigieniczny tryb życia. Detoks jest zwykle największym wyzwaniem dla tych, którzy piją dużo kawy, alkoholu i palą papierosy, gdyż pojawiają się u nich również objawy odstawienia. Objawy te należy przetrzymać. Najgorsze, co można zrobić, to wziąć tabletkę przeciwbólową. Zamiast tego pij dużo wody i herbat ziołowych, a w miarę możliwości odpoczywaj.

„Ludzie tęsknią za całkowitą odmianą, a jednocześnie pragną, by wszystko pozostało takie jak dawniej".
– Paulo Coehlo

Wszystko jest w głowie

Znasz takie powiedzenie: „Możesz, jeśli myślisz, że możesz”? Dotyczy wszystkiego, za co się zabierasz, także detoksu. Twoje odpowiednie nastawienie psychiczne jest bardzo ważnym elementem sukcesu całego programu odtruwającego. To ważne, byś nie traktowała tych 10 dni z programem Happy Detoks jako okresu wyrzeczeń, męki i odejmowania sobie od ust ulubionych przysmaków. Ten czas ma być dla Ciebie wspaniałą przygodą – odkrywaniem siebie i nowych smaków. Świętem, w którym Ty traktujesz siebie jak boginię, a swoje ciało jak świątynię. Doświadczeniem, które pokaże Ci, jak wspaniale możesz się poczuć, gdy wreszcie zatroszczysz się o siebie i zadbasz, aby to, na co masz wpływ, karmiło Cię oraz wspierało, odżywiając w takim samym stopniu Twoje ciało, jak i duszę. Zanim zabierzesz się za Happy Detoks, odpowiedz sobie na pytanie: po co robisz ten program? Żeby poczuć się lepiej? Odzyskać formę? Odpocząć od toksyn? Zmieścić się w ulubione dżinsy? Zyskać lepsze zdrowie i samopoczucie? Poczuć się młodo, lekko i świeżo? Nie ma lepszych ani gorszych odpowiedzi. Najważniejsze jest, aby jasno sprecyzować swój cel i mieć go w tyle głowy przez cały czas trwania detoksu. To bardzo pomaga.

„Możesz zrobić wszystko, co zechcesz. Powstrzymuje cię tylko twoja myśl, która mówi ci, że nie możesz tego zrobić... Bo kim jest «ja», które nie może, i czym jest «nie mogę», jeśli nie wytworem umysłu?”

– Dipa Ma

Rozdział V

KROK 2 – przywróć organizmowi optymalne pH!

„Mądry człowiek powinien
wiedzieć, że zdrowie
jest jego najcenniejszą
własnością
i powinien uczyć się,
jak sam może leczyć
swoje choroby".
– Hipokrates

Zasady są po to, aby się ich trzymać!

Na początek trochę chemii. Każdy słyszał o pH – to wskaźnik kwasowości lub zasadowości substancji. Mierzy się go w skali od 0 do 14. Substancja neutralna ma wskaźnik pH 7, wszystko powyżej tego jest zasadowe, wszystko poniżej – kwasowe.

„Zadbaj o swoje ciało. To jedyne miejsce, w którym mieszkasz".
– Jim Rohn

A jak się ma ta minipowtórka z chemii do naszego zdrowia i samopoczucia? Otóż nasz organizm najlepiej funkcjonuje w warunkach równowagi kwasowo-zasadowej, a jest ona zachowana, gdy pH krwi wynosi 7,35–7,45. Wtedy jest w niej odpowiedni poziom tlenu, a komórki mogą prawidłowo funkcjonować. Niebezpieczne dla organizmu zachwianie równowagi występuje przy pH mniejszym niż 6,8 i większym niż 7,8. Aby organizm funkcjonował prawidłowo i utrzymywał odpowiednie pH, powinno się stosować w odżywianiu zasadę 75 proc. do 25 proc.: to znaczy, że produkty zasadowe powinny na co dzień stanowić 75 proc. Twojej diety.

Niestety, sposób odżywiania, poziom stresu, zanieczyszczone środowisko, za mało ruchu na świeżym powietrzu powodują, że mało kto może się pochwalić właściwym, dobrze zbalansowanym pH. U znakomitej większości jest ono poważnie zaburzone (najczęściej mocno kwaśne), co w konsekwencji prowadzi do złego samopoczucia, braku energii, spadku odporności i wielu chorób. Zakwaszony organizm zaprasza do rozwoju bakterie, pasożyty i grzyby. Powszechnymi objawami zakwaszenia mogą być: ciemne kręgi pod oczami, gorycz lub kwas w ustach, nudności, zaparcia, język obłożony białym nalotem, niska odporność organizmu, częste infekcje i różnego rodzaju stany zapalne, wysypki skórne (w tym egzema, pryszcze, krosty), niestabilność emocjonalna, chroniczne zmęczenie, zawroty głowy, brak energii, bóle stawów, reumatyzm, zespół jelita drażliwego, zgaga, otyłość, a nawet rak. Zakwaszenie organizmu często nazywane jest samozatruciem lub toksemią. Nie muszę pewnie dodawać, że łatwiej jest organizm zakwasić, niż zalkalizować.

Co zakwasza organizm? Na czarnej liście są: alkohol, papierosy, kawa, czarna herbata, mięso, cukier, nabiał, produkty wysoko przetworzone, wszystko, co jest szprycowane chemią, konserwantami i pestycydami, niektóre rośliny strączkowe, margaryny i oleje rafinowane, napoje gazowane. Nie znaczy to, że powyższe produkty mają całkowicie zniknąć z Twojej diety, ale zalecane jest ich ograniczenie i wprowadzenie do niej produktów, które alkalizują organizm. Ja pozwalam sobie na produkty z czarnej listy w weekend. Tylko!

Czarna Lista:

Poznaj produkty, które w największym stopniu zakwaszają Twój organizm i zaburzają jego funkcjonowanie oraz optymalne pH.

Cukier

To uzależniająca słodka trucizna! Działa jak narkotyk, dlatego tak trudno go odstawić. W procesie rafinacji traci wszystkie enzymy, witaminy, minerały i błonnik, pierwotnie zawarte w soku z buraków lub trzciny cukrowej, z których jest produkowany. Jest kompletnie bezwartościowy. Najczęściej występuje w produktach zawierających masę tłuszczu, cholesterolu i pustych kalorii, czyli w słodyczach, batonach energetycznych, napojach gazowanych, piwie i winie. Często, i to w dużych ilościach, ukrywa się w produktach pozornie bezpiecznych: jogurtach, pieczywie, mrożonkach, sokach, przecierach pomidorowych, sosach do sałatek, płatkach śniadaniowych i batonach typu musli. Bezwzględnie czytaj etykiety produktów i wystrzegaj się również takich składników jak: sacharoza, glukoza, laktoza, dekstroza, melasa, syrop z agawy oraz syrop fruktozowy i glukozowy. I zapamiętaj: mało cukru w produkcie oznacza do 2 g węglowodanów na 100 g. Jeśli produkt zawiera go więcej – nie kupuj go! Na szczęście nie znaczy to, że masz już na wieki wieków wyrzec się słodkiego smaku. Na rynku jest obecnie cała masa zdrowych zamienników cukru. Jednak najlepsza wiadomość jest taka, że w miarę odtruwania Twój organizm będzie miał coraz mniejszy apetyt na słodkie. Tymczasem jednak ograniczaj cukier, zamieniaj go na zdrowsze produkty, a najlepiej go unikaj!

Co zamiast cukru:

● stewia ● ksylitol ● owoce świeże i suszone ● miód ● słody (jęczmienny i ryżowy) ● melasa z karobu ● melasa trzcinowa ● melasa buraczana ● syrop daktylowy

Mięso

Mięso zwierzęce zakwasza organizm i jest bardzo długo przez niego trawione, a także odbiera energię i witalność. Zwierzęta w hodowlach przemysłowych poza niezwykłym okrucieństwem, jakiego doznają, są faszerowane antybiotykami, pestycydami, hormonami i sterydami. Za każdym razem, gdy jesz mięso, właśnie takich „składników odżywczych" sobie dostarczasz. No dobrze, a co z białkiem? – często słyszę takie pytanie. Nie ma powodów do obaw. Odpowiednio skomponowana dieta wegetariańska dostarczy Ci go w wystarczającej ilości bez ryzyka niedoborów. Już w 2009 roku Amerykańskie Stowarzyszenie Dietetyczne wyraziło stanowisko, że „odpowiednio zaplanowane diety wegetariańskie, w tym diety ściśle wegetariańskie, czyli wegańskie, są zdrowe, spełniają zapotrzebowanie żywieniowe i mogą zapewniać korzyści zdrowotne przy zapobieganiu i leczeniu niektórych chorób. Dobrze zaplanowane diety wegetariańskie są odpowiednie dla osób na wszystkich etapach życia, włącznie z okresem ciąży i laktacji, niemowlęctwa, dzieciństwa, dojrzewania oraz dla sportowców".

Bezmięsne źródła białka:

● fasola czerwona i biała ● soczewica ● soja ● orzechy ● nasiona ● owoce ● warzywa (zwłaszcza jarmuż, brokuły, fasolka, groszek zielony) ● ziarna prosa ● ziarna gryki ● komosa ryżowa ● szarłat ● algi

Nabiał

Słynne i kontrowersyjne (wobec powszechnej, zakłamanej wiedzy o żywieniu) badania przeprowadzone przez T. Colina Cambella, (zwane także badaniem chińskim) trwały przez 40 lat i bezwzględnie rozprawiły się z wieloma fałszywymi przekonaniami na temat odżywiania. Miedzy innymi obalają prawdziwość sloganu ze znanej amerykańskiej kampanii: „Pij mleko, będziesz wielki". W świetle współczesnych badań powinno ono raczej brzmieć: „Pij mleko, będziesz chory". Winne temu są zawarte w mleku białka odzwierzęce, a głównie kazeina (stanowiąca ich 87 proc.), która, jak dowodzi Cambell, sprzyja rozwojowi nowotworów w każdym ich stadium. Im więcej spożywamy odzwierzęcego białka, tym nasza krew jest bardziej zakwaszona. Organizm, aby wyrównać pH krwi, uwalnia z kości wapń, który jest pierwiastkiem zasadowym i neutralizuje kwaśny odczyn krwi. W efekcie tracimy ten cenny składnik z moczem, a nasze kości stają się coraz słabsze. To znaczy tyle, że białko zwierzęce wypłukuje wapń z kości – kłania się osteoporoza, która dotyka co trzecią (!) kobietę, i to głównie w krajach rozwiniętych, gdzie spożycie białka jest najwyższe. Poza tym jedzenie nabiału przyczynia się do produkcji flegmy w organizmie, co osłabia układ immunologiczny i zwiększa podatność na alergie. Cambell nie ma wątpliwości: ludzie, którzy spożywają najwięcej żywności pochodzenia zwierzęcego, najczęściej zapadają na najwięcej chorób przewlekłych.

Roślinne źródła wapnia:

● ziarna zbóż ● ciecierzyca ● jarmuż ● brokuły ● kapusta ● nasiona (najwięcej wapnia zawiera sezam) ● orzechy ● wodorosty ● czerwona fasola ● soja ● tofu ● mleko i śmietana sojowe ● mleko migdałowe ● mleko kokosowe oraz inne pochodzenia roślinnego

Mleko migdałowe – zrób to sama

Mleko migdałowe jest pyszne, stosunkowo łatwe w przygotowaniu i najbardziej zbliżone smakiem do krowiego. Żeby przygotować pół litra takiego mleka, potrzebujesz pół szklanki migdałów i dwie szklanki wody. Migdały zalej wodą i odstaw na 8 godzin. Możesz w trakcie namaczania wymienić wodę. Po namoczeniu wypłucz i odcedź migdały, a następnie przełóż je do blendera, zalej wodą i zmiksuj. Teraz czeka iię najbardziej pracochłonna część zabawy, a mianowicie odcedzanie mleka. Potrzebna będzie czysta ściereczka, najlepiej tetrowa pieluszka. Zamocuj ją luźno gumką na litrowym naczyniu, tak żeby powstało wgłębienie, i powoli przelewaj przez nią mleko. Będzie ono wolno ściekało do naczynia. Na koniec zbierz rogi ściereczki, skręć ją w supeł i wyciśnij zawartość. Tak przygotowane mleko możesz przechowywać w lodówce 2–3 dni. Jest pyszne z dodatkiem wanilii, miodu, kakao, kardamonu czy cynamonu. To doskonała przekąska na drugie śniadanie lub podwieczorek.

Gomasio – zrób to sama

Gomasio to sól sezamowa, którą można dodawać właściwie do wszystkiego: sałatek, kanapek, zup, kasz i warzyw. Nadaje potrawom ciekawy smak i jest bardzo zdrowa. Aby zrobić gomasio, podpraż na patelni sól i sezam w proporcji 1 : 10 (czyli jedna część soli na 10 części sezamu, ale spotkałam się też z proporcjami 1 : 8 i 1 : 16 – eksperymentuj i ustal swoje własne). Uważaj, żeby nie przypalić sezamu – ma być złoty, nie brązowy! Podprażone składniki albo utrzyj w moździerzu, albo zmiksuj w blenderze, tak aby zachować część ziaren w całości. Gomasio można przechowywać w lodówce w szczelnie zamkniętym słoiczku lub opakowaniu do dwóch tygodni.

Mąka i gluten

Mąka jest produktem silnie zakwaszającym organizm, a ostatnie lata przyniosły dodatkowo bardzo wiele publikacji dotyczących szkodliwości glutenu zawartego w najbardziej powszechnych produktach mącznych. Coraz więcej jest przypadków celiakii, czyli nietolerancji glutenu, oraz alergii lub nadwrażliwości na gluten, przy czym te ostatnie są znacznie częstsze. Jest to związane z bardzo wysokim stopniem przetworzenia zbóż. Produkty mączne są jak bezwartościowa wata, która nie dość, że rozdyma i wzdyma, to w dodatku przy celiakii niszczy kosmki jelitowe, uniemożliwiając prawidłowe wchłanianie substancji odżywczych z pokarmów. Gluten występuje w pszenicy, jęczmieniu, życie, owsie (ze względu na zanieczyszczenia innymi zbożami w czasie zbiorów lub w młynie), mąkach produkowanych z tych zbóż, płatkach, kaszach (takich jak manna, kuskus, kasze jęczmienne, kasze i kaszki owsiane, kaszki błyskawiczne), makaronach pszennych i żytnich, wszelkich wyrobach mącznych, ciastach, ciasteczkach oraz pieczywie każdego rodzaju, chyba że jest oznaczone jako bezglutenowe. Problem jest tym większy, że najczęściej mąka jest dodatkowo łączona z innymi produktami, które rujnują nasze zdrowie, takimi jak cukier czy utwardzane tłuszcze. Na potrzeby programu Happy Detoks produkty mączne oraz te z zawartością glutenu całkowicie odstawiamy, a na co dzień poważnie ograniczamy. Na szczęście nie jest to nie wiadomo jakie wyrzeczenie, bo pysznych zamienników jest cała masa!

Produkty bez glutenu:

● ryż biały i brązowy ● gryka ● proso (kasza jaglana) ● kukurydza ● szarłat (amarantus) ● komosa ryżowa (quinoa) ● mąka ● kasze i płatki ze zbóż oraz ziaren bezglutenowych ● owies bezglutenowy ● skrobia kukurydziana, ryżowa i z tapioki ● inne produkty oznaczone jako bezglutenowe (w Polsce ze znakiem przekreślonego kłosa), w tym pieczywo razowe, makaron razowy, ryżowy i sojowy

Kofeina

Kawa, czarna i zielona herbata, kakao, yerba mate – te wszystkie produkty, owszem, zawierają kofeinę, ale też korzystne dla zdrowia antyoksydanty i spożywane z umiarem nie powodują spustoszenia w naszym organizmie, a można wręcz mówić o pewnych korzyściach dla zdrowia. Co to znaczy z umiarem? Przyjmuje się, że do 300 g kofeiny to dla organizmu bezpieczna dawka, a tyle zawierają np. dwie duże filiżanki cappuccino lub cztery małe filiżanki espresso. Herbaty zielonej możemy wypić nawet osiem filiżanek dziennie. Tyle że kofeina to oszustka. Okłamuje nasz organizm, dodając energii tylko na chwilę, by szybko zafundować mu zjazd energetyczny. Potrzebujesz drzemki – pijesz yerbę. Przydałby się spacer – idziesz na espresso. Dobrze zrobiłby Ci relaks – odpoczywasz z wielkim kubkiem cafe latte, a to już nie tylko kofeina, ale też pełnotłuste mleko i cukier (czyli innymi słowy podstępny cellulit w płynie). Okej, zgoda, nie zaszkodzą Ci jedna czy dwie filiżanki kawy, herbaty czy kakao, ale kofeina pita w nadmiarze nie regeneruje organizmu, tylko go stymuluje i na dłuższą metę wyczerpuje. A już napoje energetyczne to prawdziwa katastrofa, nic tylko chemia i tony cukru! UWAGA! Jeśli zdarza się Ci doświadczać uczucia niepokoju, ekscytacji, nieregularnego bicia serca, drżenia mięśni, bólów żołądka lub niestabilności emocjonalnej, niewykluczone, że możesz być zatruta kofeiną. Jej odstawienie nie jest łatwe, jednak gdy choć raz doświadczysz energii i witalności, której naturalnie doznaje odtruty organizm, przekonasz się, że nie potrzebujesz już kofeinowego kopa kilka razy dziennie, a filiżanka dobrego espresso stanie się przyjemnością i pretekstem do rozkoszowania się jego smakiem i aromatem, a nie niezdrowym nawykiem.

Alkohol

Naprawdę muszę o tym pisać? To najgorsza rzecz pod słońcem. Według Światowej Organizacji Zdrowia (WHO) alkohol jest w pierwszej trójce czynników rujnujących zdrowie. Wyniszcza niemal wszystkie narządy, a w największym stopniu demoluje układ nerwowy, pokarmowy i krwionośny. Przykro mi bardzo, ale jeśli chcesz być zdrowa, piękna i młoda przez długie lata, zapomnij o alkoholu! Do 30. roku życia organizm jeszcze jakoś sobie radzi z metabolizmem aldehydu octowego, ale potem pozostaje już tylko smutek i żal: opuchlizna, plamy wątrobowe, fatalna skóra, odwodnienie i kiepski metabolizm (czytaj: nadwaga). Już słyszę ten lament: „Ale nawet kieliszek wina?”. Moje ulubione powiedzenie brzmi: „Wszystko jest trucizną i nic nią nie jest, to tylko kwestia dawki”. Jeśli naprawdę potrafisz zatrzymać się na jednym kieliszku – to na zdrowie! Ale uważam, że lepiej sobie w ogóle darować tę przyjemność, chyba że chcesz zwiększyć u siebie ryzyko uzależnienia, a stąd to już równia pochyła. Poza tym nie oszukujmy się, co jesz na kacu? Bliżej Ci do jajek na boczku i podwójnego latte niż do zielonego smoothie, prawda? W dodatku poziom energii masz bliski zeru, głowa ci pęka, mewy tupią, nie możesz się skoncentrować i cały dzień dochodzisz do siebie. Naprawdę, szkoda życia!

Papierosy

„Papierosy są do dupy” (pardon, pardon)! Kolejny truizm. Aż mi głupio o tym pisać, ale zapamiętaj jedno: nic tak nie odbiera kobiecie urody jak papierosy! Wiele lat temu widziałam w angielskim ekskluzywnym magazynie dla kobiet taką oto reklamę w ramach kampanii antynikotynowej: piękna kryształowa popielnica, a w niej zanurzony… pędzel do różu. Gdy palisz, to tak, jakbyś malowała sobie rumieńce popiołem. No cóż, skóra palaczki nie wygląda zdrowo. No i ten koszmarny zapach. Jeśli myślisz, że go nie czuć, to jesteś w błędzie. Na sesji jogi natychmiast wyczuwam, które osoby palą. Nie oceniam tego. Powtarzam, to Twoje życie i Twoje wybory, ale nikotyna bezwzględnie rujnuje Twoje zdrowie i urodę dzień po dniu. Lepiej dla Ciebie, żebyś tego nie wypierała.

Zasady trzeba mieć!

W zasadniczej fazie programu Happy Detoks będziesz jadła pokarmy maksymalnie alkalizujące krew, tkanki, komórki i organy oraz dostarczające wszelkich składników odżywczych niezbędnych do przeprowadzenia oczyszczania.

Produkty maksymalnie alkalizujące to:

WARZYWA:

● brokuły ● kapusta ● jarmuż ● szpinak ● por ● ogórek ● cukinia ● zielone liściaste ● biała rzepa ● buraki ● marchew ● dynia ● wspomagająco: czosnek, cebula, imbir, natka oraz wszelkie świeże zioła (aktywnie oczyszczają, alkalizują, regenerują i dostarczają soli mineralnych oraz mikroelementów, jednocześnie w niewielkim stopniu obciążając system trawienny)

Jak jeść:

Powinny być spożywane surowe (w formie soków), duszone, gotowane na parze, krótko przesmażone, w formie bulionu. Przyprawione szczyptą soli morskiej, sezamem, ziołami, dobrą oliwą i cytryną. Do bulionu można dodać jasne miso.

OWOCE:

● cytryny (tak, mimo kwaśnego smaku alkalizują) ● grejpfruty ● pomarańcze ● jabłka ● gruszki ● arbuzy ● czarne czereśnie ● ciemne winogrona ● papaja

Jak jeść:

Owoce jemy zawsze na pusty żołądek, minimum godzinę przed następnym posiłkiem. Na potrzeby detoksu – w formie świeżych soków lub miksowanych „smoothies" albo surowe.

UWAGA!
Soki kupowane w kartonach zawierają cukier i barwniki, są kompletnie bezwartościowe z punktu widzenia detoksu!

KIEŁKI:

Prawdziwa bomba witaminowa!
Kiełki mają silne działanie alkalizujące.

Jak jeść:

Na potrzeby detoksu zamiast liści sałaty. Kiełki są bardzo wydajne i sycące. Kiełki stir-fry można szybko przesmażyć i połączyć z kaszą jaglaną.

MIGDAŁY:

Jedyne alkalizujące z grupy orzechów. Zawierają cenny wapń, białko, nienasycone kwasy tłuszczowe, witaminy B i E.

Jak jeść:

Przed jedzeniem namoczyć na noc, dzięki temu łatwiej je strawić i mają więcej wartości odżywczych.

KASZE:

Kasza jaglana jako jedyna z kasz ma właściwości alkalizujące i na potrzeby detoksu jest najlepszym wyborem.

Jak jeść:

Ugotowaną z oliwą, z warzywami lub owocami, w formie jaglanki z jabłkiem i płatkami migdałowymi na śniadanie oraz krupniku z warzywami na obiad czy kolację.

ZDROWE TŁUSZCZE:

● awokado ● ziarna sezamu ● pestki dyni ● oleje tłoczone na zimno (oliwa, olej z lnianki, olej kokosowy, olej sezamowy)

Jak jeść:

Awokado na surowo jako dodatek do sałatek lub zamiast masła, ziarna sezamu i pestki dyni podprażone do posypywania dań i jako przekąska, oleje i oliwy do sałat i koktajli oraz do smażenia.

Trzymaj się zasad!

1. Jedz owoce cytrusowe! Dzień zacznij od szklanki świeżego soku z grejpfruta lub szklanki ciepłej wody z cytryną. Te cytrusy, mimo że kwaśne, mają odczyn zasadowy i pomagają odkwasić organizm.
2. Pokochaj kaszę jaglaną! Jako jedyna z kasz ma właściwości alkalizujące. Codziennie jedz ją na śniadanie z dodatkiem jabłka, siemienia lnianego, cynamonu i imbiru.
3. Wprowadź do diety warzywa, mnóstwo warzyw, zwłaszcza zielonych! Można śmiało założyć, że wszystko, co zielone, alkalizuje. Brokuły, kapusta, jarmuż, szpinak, por, ogórek, kiełki, cukinia, zielone liściaste, wszelkie świeże zioła niech codziennie zajmują połowę twojego talerza.
4. Pij dużo wody! Nasyca krew tlenem.
5. Na przekąskę wybierz migdały, jedyne alkalizujące z grupy orzechów.
6. Pomyśl o wprowadzeniu do swojej diety spiruliny, chlorelli lub młodego zielonego jęczmienia. Te naturalne produkty, zaliczane do kategorii superżywności, zawierają potężne dawki chlorofilu i są wielkimi sprzymierzeńcami organizmu w utrzymaniu prawidłowego pH krwi.

	ALKALIZUJĄCE	LEKKO ALKALIZUJĄCE
Warzywa	szpinak, seler naciowy, buraki, botwina, jarmuż, kalarepa, roszponka, rukola, koper, szczypiorek, natka pietruszki, fasola biała, fasola adzuki, fasola pinto	ogórek, brokuły, bakłażan, pomidor, szparagi, marchew, kalafior, cykoria, dynia, por, sałata, cebula, papryka, ziemniaki, rzodkiewka, cukinia, brukselka, czosnek, kapusta kiszona, fasolka szparagowa, sok pomidorowy, groszek zielony, soja
Owoce	morele, banany, czarna porzeczka, awokado, figi świeże, kiwi, melon, figi suszone, śliwki suszone, daktyle suszone, rodzynki	jabłka, wiśnie, kiwi, cytryny, pomarańcze, mandarynki, brzoskwinie, gruszki, jagody, maliny, truskawki, ananas, arbuz, winogrona, mango
Orzechy i nasiona		orzechy laskowe
Mięso, ryby, jaja		
Produkty mleczne		
Produkty zbożowe		quinoa
Tłuszcze		margaryna
Słodycze i napoje		miód, marmolada, kakao, kawa, woda mineralna, herbata czarna, herbata zielona, sok grejpfrutowy niesłodzony, sok pomarańczowy niesłodzony, sok jabłkowy niesłodzony

LEKKO ZAKWASZAJĄCE	ZAKWASZAJĄCE
soczewica, groch, ciecierzyca	
siemię lniane	orzeszki ziemne, orzechy włoskie pistacje, nasiona słonecznika
białko jaja	żółtko jaja, jaja całe, wołowina chuda, kurczak, wieprzowina, indyk, cielęcina, salami, pasztet, parówki, dorsz, śledź, halibut, łosoś, sola, sandacz, pstrąg, karp, krewetki, sardynki w oleju
mleko, jogurt naturalny, jogurt owocowy, kefir, maślanka, śmietana, twaróg	sery żółte, sery twarde, serek wiejski, sery pleśniowe, ser topiony
chleb żytni, chleb pszenny razowy, chleb pszenny jasny, chleb żytni, pumpernikiel, ryż biały, kasza jęczmienna, kasza gryczana, mąka żytnia jasna	makaron pełnoziarnisty, makaron biały makaron jajeczny, ryż brązowy, płatki owsiane, płatki kukurydziane, amarantus
masło, oliwa z oliwek (neutralny), olej słonecznikowy (neutralny)	
lody mleczne, czekolada gorzka czekolada mleczna, napoje gazowane	

Opracowanie: Zuzanna Antecka, na podstawie:
Remer T., Manz F.: Potential renal acid load of foods and its influence on urine pH. J Am Diet Assoc. 1995, 95(7): 791 – 797
Remer T.: Acid-base in renal failure: influence of diet on acid-base balance. Seminars in Dialysis 2000, 13(4): 221-226
Schwalfenberg G.K.: The Alkaline diet: is there evidence that an alkaline pH diet benefits Health? J Environ Public Health. 2012

Rozdział VI

KROK 3 – supersuplementacja, czyli jak wspomóc oczyszczanie

„Spraw, by Twoje jedzenie było Twoim lekarstwem, a Twoje lekarstwo Twoim pożywieniem".

– Hipokrates

Chlorofil i inne chłopaki

Niewykluczone, że gdy myślisz o suplementach, masz przed oczami plastikowe buteleczki wypełnione kolorowymi pigułkami. Rozstań się z tym obrazkiem. Gdy mówię „suplementacja", mam na myśli superfoods, inaczej superpokarmy, czyli kategorię naturalnych produktów, które dostarczą Twojemu organizmowi takiego bogactwa wszelkiego rodzaju składników odżywczych – witamin, minerałów, enzymów i antyoksydantów – że po 10 dniach od włączenia ich do swojej diety, odżywiając się tym, co najzdrowsze, odczujesz zaskakującą zwyżkę formy i poprawę wyglądu w stopniu, którego się nie spodziewasz.

Wiem, nie możesz się już doczekać, aby rozpocząć Happy Detoks. Zanim jednak przedstawię superprodukty i cały program oczyszczania, najpierw chciałabym, żebyś uważnie przeczytała rozdział na temat tego, co buduje i wzmacnia Twój organizm. Wiedza tu zawarta pozwoli Ci świadomie się odżywiać i rozsądnie dbać o profilaktykę zdrowia. Dowiesz się, czym są i jaką rolę odgrywają w Twoim organizmie wymieniane jednym tchem przez dietetyków, lekarzy i specjalistów od zdrowego odżywiania witaminy, minerały, enzymy i przeciwutleniacze. Poznasz odpowiedzi na często zadawane pytania: dlaczego w wegetariańskiej diecie należy zadbać o witaminę B_{12}, z czego wynika powszechny deficyt witaminy D, po co Twojemu organizmowi probiotyki, a także dlaczego chlorofil nazywany jest zieloną krwią. Moim celem jest dostarczenie Ci praktycznego poradnika na temat zdrowego odżywiania, który sprawi, że na co dzień będziesz dokonywać lepszych dla siebie wyborów. Im więcej wiesz, im większa jest Twoja prozdrowotna świadomość, tym większa szansa, że zainspirowane Happy Detoksem zmiany przekształcą się w zdrowe nawyki i staną się stylem życia, który na co dzień będzie dostarczać Ci radości i satysfakcji. Zdobądź się zatem na cierpliwość i uważnie przestudiuj kilka następnych stron. To, co przeczytasz, jest ważne.

„Nie wystarczy jeść, trzeba się odżywiać".

Cenne minerały

wapń
potas
magnez

Słyszałaś o łańcuchu pokarmowym, prawda? No pewnie, że słyszałaś, ale dla przypomnienia: to szereg organizmów ustawionych w takiej kolejności, że każda poprzedzająca grupa jest podstawą pożywienia następnej. W przypadku diety wegetariańskiej należy rozumieć to tak, że na początku łańcucha są rośliny, a na końcu człowiek. Najpierw rośliny czerpią z gleby pierwiastki potrzebne do budowy żywych komórek, czyli w ich organizmach gromadzą się biologiczne związki niezbędne do życia, a potem my, zjadając rośliny, pobieramy wszystkie niezbędne nam do życia pierwiastki i substancje chemiczne, czyli minerały właśnie. Organizm nie wytwarza minerałów samodzielnie, ich źródłem jest pożywienie, dlatego tak ważne jest, czym się odżywiamy. Za każdym razem, gdy wkładasz do ust kolejny kęs jedzenia, dostarczasz organizmowi budulca dla komórek.

Minerały dzieli się na makroelementy, mikroelementy i pierwiastki śladowe w zależności od dziennego zapotrzebowania na nie osoby dorosłej. Przyjmuje się, że makroelementy to te minerały, których nasz organizm potrzebuje ponad 100 mg dziennie, mikroelementy – poniżej 100 mg na dzień. Minerały są potrzebne organizmowi do wytwarzania białek, hormonów, enzymów i neuroprzekaźników, czyli całego tego towarzystwa wzajemnej adoracji, które sprawia, że dobrze funkcjonujemy. Pokarm bogaty w wapń, potas i magnez (czyli makroelementy) podnosi odczyn zasadowy w organizmie, dlatego Happy Detoks w swojej głównej fazie zawiera jedzenie obfitujące w te pierwiastki, jednak do optymalnego funkcjonowania organizmu potrzebne są wszystkie minerały: makroelementy, mikroelementy i pierwiastki śladowe. Objawy niedoborów najczęściej widać gołym okiem – świadczą o tym pogorszenie stanu skóry, włosów i paznokci, ale także zmęczenie, słaba koncentracja, pobudliwość, brak apetytu. Gdy dostarczamy minerałów w odpowiednich ilościach, organizm odwdzięcza się witalnością, efektywną przemianą materii, dobrym wyglądem i samopoczuciem. Jednak aby był w stanie wchłaniać minerały z pożywienia, przewód pokarmowy musi być sprawny i oczyszczony, dlatego tak ważna jest okresowa detoksykacja. Dostarczając swojemu organizmowi makro- i mikroelementów z pożywienia, nie można ich przedawkować, są one bowiem bezpiecznie eliminowane z organizmu i nie pozostawiają po sobie toksyn. Na zaburzenia równowagi pierwiastków w organizmie ma wpływ niewłaściwa dieta oparta na wysoko przetworzonych produktach, stres i przyjmowanie niektórych leków.

Minerały, których potrzebuje organizm:

● wapń ● fosfor ● sód ● potas ● magnez ● chlor ● siarka ● żelazo ● miedź ● cynk ● mangan ● molibden ● jod ● fluor ● selen ● chrom ● kobalt ● bor ● cyna ● krzem ● nikiel ● wanad

Witaminy dla dziewczyny

Witaminy są zwykle wymieniane jednym tchem tuż obok minerałów. Nie bez powodu, gdyż są sobie nawzajem potrzebne, aby nasz organizm mógł prawidłowo funkcjonować. Na przykład witamina D pomaga utrzymywać równowagę wapnia i fosforu w organizmie, witamina C jest niezbędna do prawidłowego wchłania nia żelaza, zaś witamina K korzystnie wpływa na przyswajanie wapnia. Podobnie jak i minerałów, organizm nie jest w stanie sam produkować witamin, z wyjątkiem witaminy D, która powstaje w komórkach skóry pod wpływem światła słonecznego i biotyny (witaminy B_7) oraz witaminy K, którą zawdzięczamy bakteriom we florze bakteryjnej jelit. Wszystkich pozostałych witamin dostarczamy sobie wraz z odpowiednią dietą roślinną. Organizm o wiele łatwiej przyswaja witaminy z pożywienia niż z tabletek. Nigdy nie szprycuj się suplementami witaminowymi na własną rękę, zawsze wcześniej skonsultuj to z lekarzem.

Witaminy dzielą się na rozpuszczalne w wodzie i rozpuszczalne w tłuszczach, dlatego tak ważne jest odpowiednie nawadnianie organizmu i spożywanie wysokiej jakości tłuszczów roślinnych.

WITAMINY ROZPUSZCZALNE W WODZIE:	WITAMINY ROZPUSZCZALNE W TŁUSZCZACH:
witamina C (kwas askorbinowy), witaminy z grupy B nazywane witaminami B-kompleks: B_1 (tiamina), B_2 (ryboflawina), B_5 (kwas pantotenowy), B_6 (pirydoksyna), B_9 (kwas foliowy), B_{12} (cyjanokobalamina), witamina PP (niacyna), witamina H (biotyna lub B_7)	witamina A (beta-karoten), witamina D, witamina E (tokoferol), witamina K

szczęśliwa trzynastka

MISS PRZECIWUTLENIACZY

Witaminy A, E i C nazywane są witaminami młodości. Skutecznie zwalczają wolne rodniki, odmładzają i wydłużają życie. Zielone warzywa i owoce to bogate źródła tych witamin.

D JAK DEFICYT

Prawie wszyscy mamy niedobór witaminy D – za mało czasu spędzamy na słońcu, a witamina D jest syntezowana w skórze pod wpływem promieniowania ultrafioletowego. Już 15 minut na słońcu z odsłoniętą twarzą i rękami wystarczy, aby pokryć dzienne zapotrzebowanie na tę witaminę, tylko że w naszym klimacie to niemożliwe. Co zatem robić? Suplementować, a przy stwierdzonych niedoborach zastanowić się nad przyjęciem leku (ale tylko po konsultacji z lekarzem). Dieta nie pomoże, a już na pewno nie wegetariańska czy wegańska, gdyż źródłem witaminy D są przede wszystkim tłuste ryby, jajka oraz pełnotłuste mleko. Deficyt witaminy D może odgrywać rolę w wielu poważnych chorobach, takich jak osteoporoza, różne odmiany raka, bezpłodność, nadciśnienie, zmiany miażdżycowe, cukrzyca, otyłość, choroby sercowo-naczyniowe, reumatyzm, depresja. Również kobiety w ciąży oraz planujące ciążę powinny zażywać witaminę D, a także osoby z chorobami autoimmunologicznymi takimi jak reumatoidalne zapalenie stawów i łuszczyca. W grupie najwyższego ryzyka niedoboru witaminy D znajdują się osoby po 65. roku życia. Prawidłowe stężenie witaminy D we krwi wynosi 30–50 ng/dl, stężenie poniżej 30 ng/dl oznacza niedobór, a mniej niż 20 ng/dl ciężki niedobór. Można to sprawdzić w placówkach medycznych, badając stężenie biologicznie czynnej witaminy D we krwi.

BIERZ B_{12}

Jest to jedyna witamina, której nie jesteśmy sobie w stanie dostarczyć wraz z dietą roślinną, dlatego jej niedobory mogą być stwierdzane u wegan i wegetarian. Niektóre źródła podają, że witamina B_{12}, nazywana też kobalaminą, występuje w glonach, np. w spirulinie czy chlorelli, oraz w fermentowanych produktach sojowych takich jak miso czy tempeh, nie jest to jednak prawda, gdyż produkty te zawierają tylko jej odpowiednik, który nie jest przyswajany w organizmie człowieka. Można też usłyszeć, że nasz organizm sam produkuje witaminę B_{12} w jelicie grubym i to jest akurat prawda, tyle że stąd nie jest ona wchłaniana do organizmu. Witamina B_{12} występuje wyłącznie w produktach pochodzenia odzwierzęcego, takich jak mięso i nabiał. Jeśli jesteś więc lacto-ovo-wegetarianką, czyli jadasz nabiał i jajka, niedobór witaminy B_{12} Ci nie grozi. Jeżeli stosujesz dietę w stu procentach wegańską, nie masz wyjścia, musisz suplementować B_{12}, chyba że chcesz dać oręż do ręki przeciwnikom takiego sposobu odżywiania, których koronnym argumentem jest właśnie niedobór tej witaminy w diecie roślinnej. Źródłem B_{12} mogą też być produkty w nią fortyfikowane, takie jak mleko sojowe, płatki zbożowe czy kakao. Dobra wiadomość jest taka, że nasz organizm ma zdolność jej magazynowania i potrzebuje jej tylko w niewielkich ilościach, by prawidłowo funkcjonować. Niemniej z czasem, jeśli jesteś na diecie wegańskiej i nie suplementujesz witaminy B_{12}, możesz dorobić się niedoborów, które wcześniej czy później mogą doprowadzić do groźnej postaci anemii – nieprzypadkowo witamina B_{12} nazywana jest „czerwoną witaminą" – oraz poważnych zaburzeń układu nerwowego. Wczesnymi objawami deficytu witaminy B_{12} są: poczucie osłabienia i przemęczenia, brak apetytu, nudności, utrata menstruacji, problemy z koncentracją i pamięcią, senność. Mówiąc wprost: nie kombinuj, tylko bierz B_{12}!

Probiotyki, czyli zdrowie zaczyna się od jelit

Probiotyki to bakterie, które tworzą korzystną dla naszego organizmu florę jelitową. Bez nich nie możemy zdrowo funkcjonować, gdyż natychmiast zaczyna szwankować układ pokarmowy oraz immunologiczny. Pojawiają się problemy z trawieniem, wzdęcia, zaparcia, organizm nie wchłania składników odżywczych z pożywienia w jelicie cienkim. Spada odporność i pojawia się podatność na infekcje i nowotwory. Co zaburza florę bakteryjną? No cóż, masowo przepisywane antybiotyki, które są dla naszego organizmu jak napalm – niszczą wszystko, nie tylko patogeny, ale również dobre bakterie. Oprócz tego bez niespodzianek: alkohol, papierosy, cukier, przetworzone jedzenie, niezdrowa dieta, brak warzyw i owoców oraz stres. Aby utrzymać bądź przywrócić naturalną równowagę flory bakteryjnej w jelitach, powinniśmy dostarczać naszemu organizmowi naturalnych kultur bakterii i drożdży, które regulują działanie układu pokarmowego i wzmacniają układ immunologiczny. Gdzie ich szukać? Tak, są w jogurtach, kefirze i maślance, jednak nabiału nie rekomenduję na potrzeby diety Happy Detoks. Na szczęście to nie jedyne naturalne źródło probiotyków, są nim również kiszonki! Znajdziemy w nich bakterie kwasu mlekowego, czyli *Lactobacillus* (Lb). Szukaj ich w domowej produkcji kapuście kiszonej, ogórkach kiszonych, kwasie chlebowym, zakwasie buraczanym, żurku, koreańskiej kiszonce z warzyw kimchi, fermentowanych produktach sojowych (miso, tempeh i sos sojowy) oraz napoju kombucha. Probiotyków nie może zabraknąć w naszym organizmie zwłaszcza zimą i w okresach przesilenia. To bardzo ważne, aby były przygotowane w domu lub pochodziły ze sprawdzonych źródeł, gdyż w tych produkowanych na masową skalę znajdują się konserwanty, a wtedy z probiotyków nic nie zostaje, gdyż chemia, jak wiadomo, zabija wszystko.

ZRÓB SOBIE PROBIOTYK

● 1 kg buraków ● 1 ząbek czosnku ● 1 łyżeczka soli ● 1 litr letniej wody ● kilka liści laurowych, kilka ziarenek ziela angielskiego, pieprzu, kminku

Buraki obieramy i kroimy w plasterki, cienko siekamy czosnek i układamy warstwami w słoju, dodając ziele angielskie, liście laurowe, pieprz. W litrze letniej wody rozpuszczamy łyżeczkę soli i zalewamy tym zawartość słoja. Zakrywamy naczynie talerzykiem. Zakwas powinien być gotowy po 3–5 dniach. W trakcie procesu na wierzchu będzie się zbierać biała pianka, którą usuwamy. Po ukiszeniu zlewamy barszczyk do innego naczynia i pijemy szklaneczkę tego napoju co rano.

Wzmacniającą kurację buraczaną dobrze jest stosować przy anemii, osłabieniu, problemach z układem trawiennym i kłopotach z wątrobą. Taka kuracja odtruwa i odkwasza organizm, zawarte w niej bogactwo witamin z grupy B dobrze wpływa na system nerwowy, pomaga przy napięciach, stresie, nerwicach i depresjach, a duża ilość błonnika wspomaga trawienie.

Przeciwutleniacze – dobrzy policjanci

Gdy mówimy o przeciwutleniaczach, nie możemy jednocześnie nie wspomnieć o wolnych rodnikach – te grupy związków chemicznych są jak policjanci i złodzieje. Przeciwutleniacze, tak jak patrole prewencyjne, ścigają wolne rodniki, czyli niestabilne grupy atomów, które na skutek procesów metabolicznych, stresu i hulaszczego trybu życia (to znaczy niewłaściwej diety, palenia papierosów i picia alkoholu), a także zanieczyszczonego środowiska utraciły jeden ze swych elektronów i aby nadrobić ten brak, kradną elektrony zdrowym komórkom, okaleczając je, niszcząc ich białka, DNA i RNA. W efekcie prowadzi to do osłabienia układu immunologicznego, rozwoju wielu chorób i przyśpieszenia procesów starzenia. Antyoksydanty, jak na pozytywnych bohaterów przystało, mają wielką moc naprawiania zła wyrządzonego przez wolne rodniki. Część przeciwutleniaczy organizm wytwarza sam, przy czym wraz z wiekiem jest ich zdecydowanie mniej – to tak zwane antyoksydanty endogenne. Jednak prawdziwe bogactwo przeciwutleniaczy znajduje się we właściwej diecie obfitującej w warzywa i owoce, produkty zbożowe, ziarna i orzechy – to tak zwane antyoksydanty egzogenne. Kluczowe w profilaktyce zdrowotnej i przeciwstarzeniowej jest więc codzienne dostarczanie organizmowi takiej żywności, która pomaga mu wytwarzać odpowiednie ilości antyoksydantów. Najwięcej jest ich w surowych warzywach i owocach: wszelka obróbka termiczna, a zwłaszcza długotrwałe smażenie, pieczenie czy gotowanie pozbawia te produkty przeciwutleniającej mocy. Przeciwutleniacze znajdziesz wśród witamin (A, C, E), minerałów (selen, cynk, magnez), enzymów, aminokwasów. Przeciwutleniaczami roślinnymi są polifenole, flawonoidy, karotenoidy (beta-karoten, alfakaroten, likopen, luteina), glutation.

Bogate źródła antyoksydantów:

● czarne, czerwone, zielone owoce i warzywa, zwłaszcza czarne porzeczki ● jeżyny ● aronie ● jagody ● borówki ● żurawiny ● truskawki ● śliwki ● jabłka ● kapusta czerwona ● czerwona fasola ● pomidory ● jarmuż ● brokuły ● zielony groszek ● natka ● warzywa liściaste ● migdały ● orzechy ● pestki ● zielona, czerwona i biała herbata ● kakao ● imbir

Życiodajna energia enzymów

Enzymy, czyli białkowe katalizatory procesów życiowych, są jak mrówki robotnice dla Twojego organizmu – jest ich mnóstwo, ponad trzy tysiące, i uwijają się jak w ukropie, przeprowadzając miliony reakcji biochemicznych na minutę. Bez nich twój organizm nie mógłby normalnie funkcjonować, są absolutnie niezbędne do każdego procesu, który w nim zachodzi. Enzymy to życie, zdrowie i sprawne funkcjonowanie. Twój organizm produkuje dwa rodzaje enzymów: metaboliczne oraz trawienne. Enzymy metaboliczne są obecne w każdej komórce ciała i biorą udział w najważniejszych procesach życiowych. Są między innymi niezbędne do prawidłowego wydzielania hormonów, pomagają oczyszczać organizm z odpadów i toksyn, wspomagają układ immunologiczny i krwionośny. Na potrzeby Happy Detoks wystarczy jednak, żebyś miała podstawową wiedzę o enzymach trawiennych. Część z nich jest wytwarzana w organizmie przez trzustkę i jelito cienkie, ale znajdują się one również w ślinie i żołądku. Być może słyszałaś o tych najbardziej znanych: amylazie, celulazie, laktazie, lipazie czy proteazie. Dodatkowo enzymy mogą i powinny być pozyskiwane z surowego jedzenia, co jest dla organizmu wielkim wsparciem, gdyż sam nie ma niewyczerpanych możliwości ich produkowania. Im bardziej obciążamy organizm przetworzonym pokarmem, tym większy wysiłek musi on wykonać, by poradzić sobie z jego strawieniem. Zaczyna wtedy sięgać do swoich zapasów i je uszczuplać.

Dobra dieta bogata w surowe warzywa i owoce sama dostarcza enzymów, przez co organizm nie wkłada tak wielkiej energii w procesy trawienne, a zamiast tego może się skupić na procesach oczyszczających i naprawczych. Efektem jest lepsze samopoczucie, wysoki poziom energii, promienna cera, właściwa waga, dobre zdrowie. Dlaczego tak ważne jest, aby owoce i warzywa, które zjadasz, były surowe lub poddane tylko minimalnej obróbce termicznej? Wysoka temperatura jest zabójcza dla enzymów. Aby były aktywne, nie mogą być poddawane temperaturze wyższej niż 45 stopni, dlatego najlepiej jest je jeść w stanie surowym. Istotne znaczenie ma też pH organizmu, które trzeba utrzymywać na właściwym poziomie. Enzymy są na nie bardzo wrażliwe, w środowiskach silnie kwasowych lub zasadowych ulegają zniszczeniu. Jak rozpoznać niedobory enzymów trawiennych? Najczęstsze objawy to: gazy, wzdęcia, niestrawność, niestrawiony pokarm w stolcu, zaparcia oraz zgaga.

Chlorofil rządzi

Jeśli witaminy A, E i C są królowymi przeciwutleniaczy, to królem jest chlorofil. To potężny antyoksydant i mocarny sprzymierzeniec organizmu w przywracaniu mu właściwego pH. Posiada silne właściwości alkalizujące, co czyni go jednym z najważniejszych graczy w procesach oczyszczania i odkwaszania organizmu. Chlorofil jest zielonym barwnikiem występującym w roślinach (zawierają go liście oraz algi). Pochłania energię słoneczną, umożliwiając fotosyntezę, a tym samym procesy wzrostu i oddychania. Co ciekawe, skład chemiczny cząstki chlorofilu jest zbliżony do składu chemicznego cząstki hemoglobiny, barwnika, który nadaje ludzkiej krwi kolor czerwony. Różnią się między sobą tylko jednym pierwiastkiem. Centralnym atomem hemoglobiny jest żelazo, a chlorofilu magnez. Spożywanie chlorofilu w postaci zielonych liści roślin czy alg, takich jak spirulina lub chlorella, działa na zatruty i zakwaszony organizm jak transfuzja krwi, odmieniając korzystnie jej skład chemiczny. Nie bez powodu chlorofil nazywany jest zieloną krwią. Jego działanie na organizm jest rewelacyjne: wzmacnia układ immunologiczny, neutralizuje i wymiata toksyny gdzie pieprz rośnie, przywraca właściwe pH, regeneruje organizm po przebytych chorobach czy infekcjach, pobudza wzrost i odnowę tkanek (a to oznacza nic innego jak piękną skórę, włosy i paznokcie), zapobiega mutacji komórek, wykazując tym samym działanie antynowotworowe, aktywizuje enzymy, stymuluje zaopatrzenie w tlen czerwonych ciałek krwi, reguluje łaknienie, pomaga zrzucić zbędne kilogramy, skutecznie redukuje nieświeży oddech i nieprzyjemne zapachy ciała. Imponujące, prawda?! Nie muszę chyba dodawać, że aby miał takie działanie, produkty, które go zawierają, muszą być spożywane na surowo. Czyli nie ma wyjścia – wcinamy zielone jadalne liście i algi.

Na zdrowie!

10 rzeczy, które warto zapamiętać

1. Jedząc rośliny, dostarczasz sobie wszystkich niezbędnych do życia pierwiastków i związków chemicznych (z wyjątkiem witaminy B_{12}).
2. B_{12} to jedyna witamina, której nie jesteś sobie w stanie dostarczyć wraz z dietą roślinną, dlatego jej niedobory mogą być stwierdzane u wegan i wegetarian.
3. Organizm nie wytwarza samodzielnie minerałów i witamin (z wyjątkiem witamin D i K). Ich źródłem jest odpowiednia dieta, dlatego tak ważne jest, czym się odżywiasz.
4. Za każdym razem, gdy wkładasz do ust kolejny kęs jedzenia, dostarczasz organizmowi budulca dla twoich komórek – nie buduj swojego ciała z byle czego!
5. Organizm o wiele łatwiej przyswaja minerały i witaminy z pożywienia niż z tabletek. Przy stwierdzonych niedoborach minerałów i witamin wskazana jest odpowiednia suplementacja, ale tylko po konsultacji z lekarzem.
6. Witaminy A, E i C to witaminy młodości. Zielone warzywa i owoce to bogate źródła tych witamin.
7. Najwięcej antyoksydantów jest w surowych warzywach i owocach.
8. Zdrowie zaczyna się od jelit. Florę bakteryjną jelit niszczą antybiotyki, alkohol, papierosy, cukier, przetworzone jedzenie, niezdrowa dieta, brak warzyw i owoców oraz stres.
9. Dieta bogata w surowe warzywa i owoce dostarcza bogactwa enzymów, przez co organizm może się skupić na procesach oczyszczających i naprawczych.
10. Spożywanie chlorofilu w postaci zielonych liści roślin czy alg, takich jak spirulina lub chlorella, działa na zatruty i zakwaszony organizm jak transfuzja krwi, przywracając mu korzystne pH.

Poznaj superbohaterów

Wyobraź sobie, że na Twoim talerzu spotkają się żywnościowe odpowiedniki Supermana, Batmana i Spidermana. Chcę przez to powiedzieć, że superfoods to prawdziwi herosi wśród pokarmów – produkty obdarzone niezwykłą mocą uzdrawiającą i odmładzającą. W stu procentach naturalne, nieprzetworzone i niskokaloryczne. Dietetyczni superbohaterowie XXI wieku? Na to wygląda. Superfoods to pokarmy tak napakowane składnikami odżywczymi, antyoksydantami, chlorofilem, witaminami, minerałami, proteinami i enzymami, że potrafią poprawić kondycję i wydolność organizmu niemalże z dnia na dzień. Znasz na pewno powiedzenie: „Nie wystarczy jeść, trzeba się odżywiać". Superpokarmy są odpowiedzią na zawarty w nim postulat. Nie sztuką jest pochłonąć górę bezwartościowego jedzenia, sztuką jest dostarczyć organizmowi posiłku, który go odżywi, zregeneruje, poprawi odporność, dostarczy energii oraz zostanie szybko i łatwo strawiony.

„Uncja środków zapobiegawczych jest lepsza od tony środków leczniczych".

– Archibald Joseph Cronin

Dieta Happy Detoks zawiera masę superproduktów. Przyjrzyjmy się tym najważniejszym, o najbardziej spektakularnym działaniu. Zaskoczy Cię zapewne to, że na liście superpokarmów znajdą się – obok gwiazd zza oceanu takich jak spirulina, chlorella, nasiona chia, komosa ryżowa czy borówki amerykańskie – również produkty tak swojskie i wydawałoby się pospolite jak jabłka, kiszona kapusta, siemię lniane czy natka pietruszki.

UWAGA:
Wszystkie omawiane produkty są dostępne w Polsce w sklepach z organiczną żywnością lub można je kupić przez Internet. Niektóre znajdziecie w popularnych sieciach handlowych. Pamiętajcie, że pytając o te produkty, wytwarzacie na nie popyt i sprawiacie, że stają się łatwo dostępne!

SPIRULINA

To jeden z wielu gatunków alg produkowany w morskich hodowlach głównie w Ameryce i Azji. Można by powiedzieć, że ma supermoc! Zawiera bowiem 3900 proc. więcej beta-karotenu niż marchew, 2300 proc. więcej żelaza niż szpinak, 375 proc. więcej białka niż tofu, 300 proc. więcej wapnia niż mleko. Nie dość tego – 3 g spiruliny ma tę samą wartość odżywczą co pięć porcji owoców i warzyw. Bardzo wysoka zawartość chlorofilu w spirulinie poprawia skład naszej krwi. Znakomicie alkalizuje i oczyszcza organizm.

Wegetarianom polecana też jest ze względu na wysoką ilość doskonale przyswajalnego białka.

Jak jeść:

Spirulina nie powinna być traktowana jako samodzielny posiłek. Spełnia rolę suplementu. Dostępna jest w formie tabletek lub w wersji sproszkowanej. Tabletki przyjmuje się trzy razy dziennie, popijając je szklanką wody, proszek rozpuszcza się w wodzie lub dodaje do soków. Wmieszana do soku lub smoothie może spełnić rolę wzmacniającej przekąski, ale morski smak jest dość intensywny i nie każdemu przypadnie do gust. Można spirulinowym proszkiem posypywać kanapki lub sałatki. Dobrym pomysłem jest wówczas zmieszanie spiruliny z sezamem i odrobiną soli.

Inne superalgi:

● chlorella ● wodorosty takie jak wakame ● kombu ● arame ● dulse ● nori ● kelp

KASZA JAGLANA

Królowa jest tylko jedna – tak spokojnie mogłaby o sobie powiedzieć kasza jaglana. Jako jedyna kasza odkwasza organizm, działając na niego zasadotwórczo, co czyni ją niezastąpioną przy kuracjach oczyszczających i odtruwających. Kobiety kochają ją za to, że redukuje znienawidzony cellulit oraz poprawia wygląd skóry, włosów i paznokci, dzięki wysokiej zawartości krzemu oraz witaminy E. Dodatkowo jest bogata w aminokwasy, miedź i żelazo oraz witaminy z grupy B. Ma także działanie przeciwgrzybiczne oraz antywirusowe, dlatego lekkostrawną dietę na kaszy jaglanej poleca się przy przeziębieniach i infekcjach.

Jak jeść:

Kaszę jaglaną podpraż najpierw w garnku, a potem zalej gorącą wodą w proporcji jeden do dwóch (jedna część kaszy na dwie części wody). Ugotuj ją z odrobiną oleju kokosowego lub oliwy na małym ogniu, aż woda wsiąknie w ziarno. Po ugotowaniu możesz ją połączyć z ulubionymi warzywami lub podawać na słodko, np. z prażonym jabłkiem, cynamonem i rodzynkami, piec z niej ciasteczka, miksować z koktajlami i dodawać do zup (wypróbuj krupnik jaglany – jest pyszny!).

QUINOA, CZYLI KOMOSA RYŻOWA

Pochodzi z Boliwii i nie bez powodu nazywana jest złotem lub skarbem Inków. Coraz częściej określa się ją mianem „superziarna przyszłości". Dlaczego? Komosa ryżowa jest najbogatszym źródłem białka wśród popularnych roślin zbożowych, a jego jakość jest porównywalna do kazeiny – białka mleka krowiego. Ma w sobie bogactwo aminokwasów i charakteryzuje się wysoką zawartością pierwiastków mineralnych takich jak żelazo, magnez, potas, cynk i wapń, co sprawia, że może być z powodzeniem stosowana jako podstawa diet oczyszczających i regenerujących. Nie zawiera glutenu.

Jak jeść:

Komosę ryżową gotuje się w proporcji jeden do dwóch (jedna część ziaren na dwie części wody) z dodatkiem oliwy i szczypty soli, na małym ogniu, aż woda wsiąknie w ziarno. Po ugotowaniu można ją łączyć z ulubionymi warzywami lub podawać na słodko, np. z prażonym jabłkiem, cynamonem i rodzynkami. Jest wyjątkowo lekkostrawna i bardzo smaczna, ma lekko orzechowy posmak.

Inne bezglutenowe superzboża:

● kasza gryczana ● kukurydziana ● amarantus

JABŁKA

Stare angielskie powiedzenie mówi, że jedno jabłko dziennie trzyma lekarza z daleka, a jeden dzień tylko na jabłkach to świetny pomysł na oczyszczającą organizm monodietę: zawarte w nich pektyny dosłownie wymiatają toksyny z organizmu, wiążąc metale ciężkie i usuwając niestrawione reszki pokarmów. Jeśli twój metabolizm potrzebuje dopalacza, jabłko sprawdzi się znakomicie. Jest tylko jedno zastrzeżenie: jedz je na pusty żołądek, najpóźniej godzinę przed innym posiłkiem lub najwcześniej godzinę po posiłku. Jabłka także świetnie wypełniają żołądek, co niweluje poczucie głodu. Dzięki dużej zawartości błonnika poprawiają też pracę jelit, a także przyśpieszają trawienie tłuszczów. Witamina C wzmacnia i odmładza organizm.

Jak jeść:

Jabłka możesz jeść na surowo, pokrojone w plasterki i skropione cytryną, z dodatkiem masła orzechowego, jako dodatek do sałatek,

w formie świeżo wyciskanego soku albo upieczone lub podprażone, koniecznie posypane cynamonem, który nie tylko uatrakcyjni ich smak, ale też jeszcze bardziej podkręci metabolizm.

AWOKADO

Awokado to jedzenie doskonałe! Ze względu na wyjątkowo bogatą zawartość składników odżywczych i silnych przeciwutleniaczy nazywane jest owocem zdrowia i młodości. Witaminy A, E, C oraz z grupy B, duża ilość magnezu i potasu, łatwo przyswajalne białko, błonnik, kwas foliowy – awokado to wszystko ma! Nawet tłuszcze, których zawiera sporo – aż 160 kcal na 100 g – są niezwykle korzystne dla organizmu, ponieważ są zbudowane z jednonienasyconych kwasów tłuszczowych i omega-3. Zastępując nimi tłuszcze nasycone, obniżysz poziom złego cholesterolu i trójglicerydów. Awokado spożywane regularnie usprawnia pracę wątroby, obniża poziom złego cholesterolu, wygładza skórę, reguluje pracę układu hormonalnego i ma działanie przeciwnowotworowe.

Jak jeść:

Awokado jest znakomite zamiast masła (100 g awokado to 160 kcal, 100 g masła – 717 kcal. Słabo!?) – gorąco polecam tost z ciemnego, pełnoziarnistego pieczywa z awokado i pomidorem suszonym. Świetnie sprawdza się jako dodatek w sałatkach. Rewelacyjnie smakuje jako słynne meksykańskie guacamole.

GUACAMOLE

- 1 miękkie awokado
- 1 mały pomidor
- 1/4 małej czerwonej cebuli
- świeża kolendra
- tabasco
- sok z limonki lub cytryny
- sól i pieprz

Awokado rozgniatasz widelcem. Pomidora obierasz ze skórki, pozbawiasz pestek i kroisz na małe kawałki, drobno siekasz cebulę. Dodajesz oba składniki do awokado, a następnie posiekaną kolendrę, sok z limonki lub cytryny, tabasco, sól, pieprz. Całość delikatnie mieszasz. Podajesz z chipsami z białej rzepy lub marchewki.

Inne superowoce (tak, awokado to owoc!):

- jagody
- truskawki
- ciemne winogrona
- papaja
- czereśnie
- żurawina

NATKA

Natka pietruszki zawiera megailości witaminy C. Wystarczy jedna łyżka natki dziennie, żeby pokryć dzienne zapotrzebowanie organizmu na tę witaminę. W zimie i okresach przesilenia jest bezcennym i tanim dodatkiem do codziennej diety – działa przeciwzapalnie i wzmacniająco. To nie wszystko. W natce znajduje się też sporo witaminy A, jak również potas, magnez, żelazo, sód i wapń. Procesy oczyszczania organizmu wzmacniają zawarte w niej chlorofiliny, substancje naturalnie detoksujące organizm. Dodatkowo korzystnie wpływa na trawienie i odświeża oddech. Żucie kilku listków natki skutecznie usunie zapach czosnku, kawy czy papierosa.

Jak jeść:

Posypuj natką zupy, miksuj ją w zielonych koktajlach, łącz w sałatkach z różnymi gatunkami fasoli, kasz, ziemniaków i pomidorów. Zrób błyskawiczną tabbouleh z kuskusu i drobniutko pokrojonych dwóch pęczków natki, pomidorów, soku z cytryny, soli, pieprzu i oliwy.

Rewelacja!

TRAWA JĘCZMIENNA

Zapaleńcy hodują trawę jęczmienną w domu i wyciskają z niej codziennie kieliszeczek jadowicie zielonego, superzdrowego płynu. Młody jęczmień można też kupić w formie sproszkowanej, specjalnie spreparowany, tak że nie traci swoich cennych właściwości. Warto! Zawiera jedenaście razy więcej wapnia niż krowie mleko, siedem razy więcej witaminy C niż sok pomarańczowy, bogactwo witamin E, B_1, B_2, B_6 oraz B_{12}, pięć razy więcej żelaza niż szpinak oraz spore ilości błonnika. Ma w sobie chlorofil, a tym samym poprawia skład chemiczny krwi. Dodatkowo oczyszcza i odtruwa organizm, poprawia pracę jelit, wzmacnia odporność.

Jak jeść:

Pić rano i wieczorem jedną łyżeczkę proszku zmieszaną z wodą jako suplement lub jako jeden ze składników soku czy zielonego koktajlu. Ma delikatniejszy smak niż spirulina, więc nie zmienia aż tak jak ona smaku wyciśniętych lub zmiksowanych owoców lub warzyw.

Inne superliście:

- jarmuż
- szpinak
- kiełki
- rukola
- rzeżucha
- sałata

SIEMIĘ LNIANE

Siemię lniane to nasiona lnu zwyczajnego. Te małe brązowe ziarenka mają megamoc. Obfitują w cenne kwasy omega-3 i ważne dla zdrowia kobiet fitoestrogeny lignany, które regulują gospodarkę hormonalną i mają działanie antynowotworowe (zwłaszcza w profilaktyce raka piersi). Poprawiają wygląd skóry i regulują pracę układu pokarmowego. Warto na stałe włączyć je do diety ze względu na dużą zawartość błonnika, który działa jak szczotka, oczyszczając jelita z niestrawionych resztek pokarmu.

Jak jeść:

Siemię lniane możesz spożywać na sucho lub w postaci kleiku, który będzie idealny, jeśli chcesz pobudzić perystaltykę jelit. Aby go przygotować, łyżeczkę ziarenek zalej 100 ml gorącej wody na minimum 15 minut (a jeszcze lepiej na całą noc). Powstały kleik wypij na czczo rano. W formie takiej galaretki zadziała jako skuteczny środek na zaparcia. Ziarenka siemienia po namoczeniu wytwarzają rodzaj kleistej zawiesiny, która pokrywa ściany jelit, oliwiąc je od środka, co ułatwia usuwanie niestrawionej treści pokarmowej. Jeśli wolisz siemię suche, podpraż je na patelni i tak przygotowane dodawaj do sałatek, kanapek, jogurtów, śniadaniowej owsianki, a nawet deserów – łyżeczka siemienia z miodem smakuje jak sezamki. Gdy wybierasz suche ziarenka, pamiętaj, żeby popijać je dużą ilością wody.

SUROWE KAKAO

Dobra wiadomość dla wielbicieli czekolady, ale UWAGA! Nie mówimy o kakao czy czekoladzie dostępnych masowo w sklepach. Mamy na myśli surowe ziarna kakaowca lub surowe kakao albo surową czekoladę. Surowe, czyli takie, które nie zostały poddane procesom termicznym, w których temperatura przekroczyłaby 40 stopni C. Wyższa temperatura pozbawia enzymów, przeciwutleniaczy, witamin i składników odżywczych. Surowe kakao zawiera megadawkę magnezu, którego zwykle mamy za mało lub się go pozbawiamy niewłaściwą dietą. 28 g surowych ziaren kakaowca to dawka 314 proc. zalecanego dziennego spożycia żelaza. Surowe kakao jest też wspaniałym źródłem antyoksydantów – aż 21 razy przebija w tym słynącą z bogactwa przeciwutleniaczy zieloną herbatę.

Surowe ziarna kakao to też swoisty rodzaj naturalnego dopingu. Ponieważ są silnie pobudzające, nie należy przesadzać z ich ilością.

Jak jeść:

Surowe ziarna można chrupać jako zdrową energetyzującą przekąskę. Surowe kakao znakomicie smakuje zmieszane z koktajlami mlecznymi, a zwłaszcza z mlekiem migdałowym lub orkiszowym.

Inne superziarna:

● pestki dyni ● sezam ● chia, czyli szałwia hiszpańska

kakaowiec

pestki dyni

sezam

chia

Rozdział VII

KROK 4 – joga, oddech, medytacja, czyli sięgnij po wszechpotężne narzędzia mocy

„Kiedy pięć zmysłów i umysł są nieruchome,
a rozum pozostaje w ciszy niewzruszonej,
wtedy rozpoczyna się wyjątkowa droga.
Ta spokojna nieruchomość zmysłów to JOGA”.
– Upaniszady

„Praktyka jogi otwiera
przed nami możliwość
korzystania z życia
w sposób najpełniejszy
z możliwych".

– Donna Farhi

5 filarów dobrego życia

Samochód potrzebuje pięciu rzeczy, żeby jeździć – zwykł mawiać Swami Sivananda – oleju silnikowego i smarów, które utrzymują pojazd w dobrym stanie, sprawnego akumulatora, chłodnicy, dobrej jakości paliwa oraz świadomego kierowcy. W odniesieniu do człowieka olejem jest asana, dzięki której odżywiamy, rozciągamy oraz wzmacniamy nasze mięśnie, stawy i więzadła. Pranajama (ćwiczenia oddechowe) pomaga nam podłączyć się do akumulatora w naszym splocie słonecznym, gdzie zgromadzona jest ogromna energia witalna. Dzięki technikom oddechowym energia ta jest uwalniana, regeneruje ciało i umysł. Relaks działa na organizm jak chłodnica w aucie – nie doprowadza do jego „przegrzania". Właściwa dieta jest jak paliwo dobrej jakości. Pozytywne myślenie i medytacja zwiększają zaś świadomość i pozwalają pełniej przeżywać życie.

„Dlaczego dbacie o własne samochody bardziej niż o siebie samych? Dlaczego nie troszczycie się z taką samą uwagą o pojazd, jakim jest wasze ciało, i kierowcę, jakim jest wasz umysł?"
– Swami Sivananda

Po wnikliwej obserwacji zachodniego stylu życia, w oparciu o starożytne nauki jogi, Swami Sivananda opracował pięć prostych zasad długiego i zdrowego życia, które stanowią jednocześnie fundamenty Sivananda Jogi nauczanej w wielu ośrodkach na całym świecie. Są to: właściwy relaks, właściwe ćwiczenia, właściwy oddech, właściwa dieta, pozytywne myślenie oraz medytacja.

Swami Sivananda – wybitny hinduski humanista i jogin, z wykształcenia lekarz medycyny, autor ponad 300 książek i artykułów, w których propagował nauki jogi. Założył Akademię Jogi oraz Divine Life Society, szerzącą ideały prawdy, braku przemocy, czystości i samorealizowania się. Na świecie istnieje obecnie kilkadziesiąt ośrodków przekazujących nauki Swamiego Sivanandy. Wiecej: www.sivananda.org.

5 filarów dobrego życia według Sivananda Jogi

1. Właściwy relaks

Usuwa napięcia z ciała i umysłu. Jest kluczem do zdrowia, witalności i spokoju. Odświeża jak mocny sen w nocy.

2. Właściwe ćwiczenia

Asany – pozycje jogi. Rozciągają i tonizują mięśnie oraz więzadła, utrzymują ruchomość stawów, uelastyczniają kręgosłup, masują organy wewnętrzne, poprawiają krążenie i trawienie. Wywierają głęboki wpływ na umysł i ducha: uspokajają, przywracają wiarę w siebie i radość życia.

3. Właściwe oddychanie

Pranajama – techniki oddechowe jogi – uczy, jak naładować energią ciało i panować nad stanem umysłu, regulując przepływ prany (energii życiowej).

4. Właściwa dieta

Odpowiednio zbilansowana, oparta na pokarmach naturalnych zapewnia lekkie ciało i spokojny umysł oraz zwiększa odporność organizmu. Najbardziej zalecana jest świeża, naturalna żywność, przede wszystkim owoce, ziarna i warzywa.

5. Pozytywne myślenie i medytacja

Według jogi źródło radości, spełnienia i błogostanu jest w nas samych. Medytacja pomaga dotrzeć do tego źródła.

Swami Sivananda wybitny hinduski humanista i jogin

Joga – mój powrót do domu

Pytanie Swamiego Sivanandy: „Dlaczego bardziej dbacie o swoje samochody niż o samych siebie?" poruszyło mnie swego czasu do głębi. To właśnie ten brak troski o samą siebie doprowadził mnie w końcu do jogi. Już pierwsza sesja była niezwykła. Po zajęciach poczułam, jakbym z tysiąca rozedrganych kawałków złożyła się na nowo. Ogarnął mnie głęboki spokój – uczucie, którego nie zaznałam od dawna. Miałam wrażenie, jakby ktoś okrył mnie ciepłym pledem, mocno przytulił i powiedział, żebym się o nic nie martwiła, bo wszystko będzie dobrze. A przecież nic takiego się nie zdarzyło. Przez półtorej godziny nie robiłam właściwie nic specjalnego: poleżałam, pooddychałam, trochę się powyginałam. I tyle. Wtedy jeszcze nie wiedziałam, jak transformującą moc ma oddech, jak potężnym narzędziem oczyszczającym organizm są asany, jak terapeutycznie oddziałuje na organizm relaks, ile toksyn z umysłu i ciała uwalnia medytacja. Nie miałam o tym wszystkim pojęcia, ale wiedziałam jedno – od lat nie czułam się tak harmonijnie.

„Doświadczam
Każdym zmysłem
Zanurzam się
W byciu
Już nie brakuje mi
powietrza
Nie wiem
Jak mogłam żyć
Tyle lat
Bez tchu"
Kasia Bem

Efekt „już dobrze" powracał potem do mnie wielokrotnie po zajęciach jogi. Był to stan wewnętrznej integracji, którego nie da się porównać z niczym innym, poczucie, że ten cały zgiełk, stres i chaos na zewnątrz można łatwo opanować, kierując uwagę do środka, wyciszając umysł i głęboko oddychając. Nagle pojawia się nowa przestrzeń, dystans i właściwa perspektywa, w której widać różne sprawy takimi, jakie one są, bez niepotrzebnych emocji czy wyolbrzymiania. Świadomość, że taki stan jest na wyciągnięcie ręki, że wystarczy tylko regularnie stawiać się na macie, by nadać rzeczywistości odpowiednie proporcje, przynosi ulgę, daje siłę i poczucie bezpieczeństwa oparte na głębokim kontakcie z samym sobą.

W ashramie

Myśl, że chciałabym uczyć jogi, zakiełkowała we mnie bardzo szybko. Już po kilku pierwszych zajęciach zaczęło do mnie docierać, że spotkałam się ze swoim przeznaczeniem. Pojawiła się we mnie płynąca prosto z serca determinacja, żeby pójść za tym przeczuciem totalnie i bez oglądania się do tyłu. Postanowiłam jednak, że dam sobie czas na przyjrzenie się tej nowej pasji, która we mnie gwałtownie wzrastała i jak żadna inna dotąd była tak wielowymiarowa i fascynująca, że zaczęła pochłaniać mnie bez reszty. Coraz więcej praktykowałam, jeździłam na kursy i warsztaty, studiowałam teorię jogi, dostając przy tym odpowiedzi na wiele nurtującym mnie od lat pytań. Jednocześnie napotykałam treści, których nie byłam w stanie objąć umysłem, gdyż znacznie wykraczały bądź to poza granice mojego ówczesnego doświadczenia, bądź to możliwości poznania. To mnie nie zrażało, zwłaszcza że spotykałam wspaniałych nauczycieli, którzy cierpliwie tłumaczyli mi różne zagadnienia, lub też na wiele pytań odpowiadali milczeniem tak wymownym, że zawstydzona własną niecierpliwością pokornie wracałam na matę lub poduszkę medytacyjną.

„Joga to stan, w którym nie brakuje niczego".
– Sharon Gannon

Po pewnym czasie zrozumiałam, że cisza i brak odpowiedzi były najlepszymi lekcjami, które pomogły mi skierować pytania do własnego wnętrza, by odkryć, że wszystkie odpowiedzi są we mnie, i odnaleźć trwałe oparcie w samej sobie. Po kilku latach intensywnej praktyki wiedziałam już na pewno, że chcę odejść ze świata mediów i reklamy, by uczyć jogi. Moją motywacją była chęć dzielenia się z innymi tą wspaniałą praktyką i narzędziami, które pomogły mi odzyskać zdrowie, równowagę i radość. Zaczęłam szukać możliwości zrealizowania swojego zamiaru. Zrobiłam kilka kursów oddechu, medytacji i jogi w organizacji Art of Living, aż wreszcie natrafiłam na kursy nauczycielskie w systemie Sivananda Joga, które w odstępie kilku lat odbyłam w USA. To były dla mnie za każdym razem transformujące doświadczenia, które przyniosły mi pewność, że nowa droga, którą wybrałam, jest tą właściwą, choć niekoniecznie łatwą. Gdy pojechałam do ashramu Sivanandy po raz pierwszy, wiele rzeczy mnie zaskoczyło i nie wszystko gotowa byłam przyjąć, choć jak gąbka chłonęłam zarówno wiedzę, jak i nowe, często wykraczające poza strefę komfortu doznania. Kursy Sivananda Jogi są bardzo intensywne. Trwają miesiąc i mają wymagającą formułę. Wszyscy adepci na nauczycieli dostają na początku dwa komplety identycznych uniformów – białe spodnie i żółte koszulki, w których chodzi się w kółko przez miesiąc, co jest bardzo dobrym ćwiczeniem dla ego, ale też wielką wygodą.

Na zaawansowanym kursie nauczycielskim dzień zaczyna się o 4.30 rano, w ciągu dnia są cztery godziny praktyki oddechu i asan, pięć godzin wykładów z filozofii, psychologii, fizjologii, anatomii jogi, a oprócz tego analiza tekstów jogicznych, nauka sanskrytu oraz praca na rzecz ashramu. Zabawnie się złożyło, że na obu kursach nauczycielskich do moich codziennych zadań należało szorowanie wielkich garów po śniadaniu – wyobrażałam sobie wtedy, że szoruję własną duszę, i nie narzekałam. Inni pracowali w ogrodzie albo myli toalety, ale byli też tacy, którym trafiła się lekka robota papierkowa. No cóż, każdemu według zasług. Godzina w ciągu dnia przeznaczona była na odrabianie prac domowych, tyle samo na odpoczynek. Jedliśmy dwa wegańskie posiłki dziennie – duże śniadanie o 10.00 i obiadokolację o 18.00. Zawsze serwowano zupę warzywną lub dal, albo jedno i drugie, ryż, kasze, komosę ryżową, amarantus, kiełki, orzechy, mnóstwo warzyw (duszonych lub krótko przysmażanych), całe tony jarmużu, sałaty i szpinaku (zarówno surowego, jak i parowanego). Posiłek był dla wszystkich w ashramie ulubionym momentem dnia – czasem rozmów, relaksu, wymiany doświadczeń, zawierania znajomości i przyjaźni na lata.

Na kursach szkolili się ludzie z całego świata, a atmosfera sprzyjała otwartości, było bardzo wesoło. Każdy dzień zaczynał i kończył satsang, czyli spotkanie wszystkich osób w ashramie, na których nauczyciele, na podstawie pism Swamiego Sivanandy, mówili o jodze i jej znaczeniu we współczesnym świecie; w trakcie satsangu także codziennie medytowaliśmy i śpiewaliśmy mantry. Światła gaszono o 22.00. A następnego dnia o świcie znów dzwonił gong. I tak codziennie. Tylko piątek był wolny od zajęć, ale wszyscy robili wtedy notatki i przygotowywali się do końcowego egzaminu.

Przyznam, że gdy po raz pierwszy zobaczyłam plan dnia, pomyślałam, że przede mną duże wyzwanie. I rzeczywiście lekko nie było, ale też nie tak ciężko, jak mogłoby się wydawać. Wtedy po raz pierwszy miałam okazję zaobserwować, ile energii i siły daje połączenie relaksu, ćwiczeń, oddechu, diety i medytacji. Obserwowałam też moje koleżanki i kolegów – w każdym z nas zaszła przez ten miesiąc wielka zmiana zauważalna gołym okiem. Na początku kursu zmęczeni, poszarzali i niespokojni, z dnia na dzień młodnieliśmy i jaśnieliśmy, jakby zdejmowano z nas woal materii, po to by to, co schowane, duchowe, mogło się przebić na powierzchnię. Zabawne, ale najwięcej komplementów w życiu usłyszałam właśnie po powrocie z pierwszego kursu nauczycielskiego. Mówiono mi, że pojaśniałam, że bije ode mnie blask, że mam w oczach światło. Cokolwiek to było, z pewnością nie było utkane z materii, znalazłam się po prostu w stanie autentycznej, wewnętrznej równowagi, oczyszczona na każdym poziomie i niewiarygodnie szczęśliwa, tak jak każdy, kto realizuje swoje marzenia. Używając terminologii jogi, powiedziałabym, że podniósł się we mnie zarówno poziom prany, czyli energii życiowej, jak i satwy, czyli duchowej, jasnej, harmonijnej, czystej strony mojej osobowości. Na zewnątrz taka emanacja wewnętrznego spokoju i przebudzenia odbierana jest właśnie jako pewien rodzaj blasku. To jest dostępne w krótkim czasie dla każdego, kto podda się dyscyplinie jogowego stylu życia, a bywa odczuwane jako znakomite samopoczucie, stan równowagi i doskonałego zdrowia. Pobyt w ashramie dał mi coś jeszcze – odkryłam, że istnieje we mnie wewnętrzna cisza, w której dziś znajduję schronienie, zawsze gdy w moim życiu słychać grzmoty. Na wypadek burz, które są nieuniknione, dobrze wiedzieć, że taki stan ma się w sobie. To odkrycie wymagało cierpliwości i wielu godzin regularnej praktyki, ale warto było czekać, gdyż poczucia wewnętrznej integracji nie da się porównać z niczym.

Joga znaczy łączyć

Gdy po ukończeniu kursów nauczycielskich zaczęłam uczyć, na prowadzone przeze mnie lekcje przychodziła Magda, z którą pracowałam wówczas w redakcji „Cosmopolitan", gdyż joga nie od razu stała się moim jedynym zajęciem. Zapamiętałam, co powiedziała po jednej z sesji. „To niesamowite, wiesz. To tak, jakby były dwie Kasie – ty i twoja siostra bliźniaczka. Z tą jedną – zwariowaną, rozgadaną, roześmianą, ekstrawertyczną, żywo gestykulującą, demonem entuzjazmu i energii – pracuję na co dzień, a ta druga – spokojna, skupiona, uważna i wyciszona – prowadzi zajęcia jogi".

„Nie jesteś kroplą w oceanie. Jesteś całym oceanem zawartym w kropli".
– Rumi

Magda trafiła w sedno. Była dobrym obserwatorem i zobaczyła mnie w procesie integracji. Wtedy, na początku mojej drogi do siebie, to rozdzielenie, te dwie Kasie, było bardzo wyraźne, choć tylko dla tych osób, które znały moje oba „wcielenia". Joga, zanim stała się moim życiem, była moim schronieniem. Takim miejscem, w którym nie tyle chowałam się przed światem, co nawiązywałam kontakt z zaniedbywaną przez lata częścią siebie, dla której wreszcie znalazłam przestrzeń. Do tej pory czerpałam siłę i inspirację z zewnątrz, teraz z coraz większą fascynacją oglądałam siebie od środka. Dzień po dniu poznawałam się na nowo, poprzez jogę uczyłam się mowy własnego ciała, poprzez oddech uwalniałam toksyczne lęki, napięcia i stres, poprzez medytację poznawałam wzorce własnych zachowań i emocji.

Słowo „joga" pochodzi od sanskryckiego słowo „yuj", co oznacza „nakładać jarzmo", czyli łączyć, integrować. Dokładnie to stało się moim udziałem. Joga pomogła mi zintegrować różnorodne aspekty mojego wnętrza, połączyła w jedną osobę dwie siostry bliźniaczki o wydawałoby się różnych charakterach, pozwoliła mi odnaleźć przestrzeń na każdy przejaw mojej osobowości. Niekiedy słyszę, że się zmieniłam. Wtedy protestuję. To nie tak, ja raczej wróciłam do siebie i odkryłam, że przez długie lata byłam jak nędzarz z buddyjskiej przypowieści, który strawił życie, żebrząc o datki, gdyż do głowy mu nie przyszło, żeby otworzyć skrzynię, na której codziennie siedział. Czy muszę dodawać, że ukryty był w niej bezcenny skarb? Każdy z nas jest taką skrzynią. Joga, oddech i medytacja pomagają nam dotrzeć do bogactw, które w sobie skrywamy – pasji, talentów, pragnień. Program Happy Detoks pomoże zetrzeć kurz z tej metaforycznej skrzyni i doda odwagi, by zajrzeć do środka i odkryć w niej piękno, radość oraz pasję.

Joga – natural high!

Joga jest potężnym narzędziem oczyszczającym ciało i umysł. Poprawia procesy metaboliczne organizmu, usprawnia działanie układu limfatycznego (którego jednym z głównych zadań jest usuwanie toksyn z organizmu), zwiększa udział tlenu we krwi, masuje narządy wewnętrzne, uelastycznia kręgosłup. Działa jak uniwersalne antidotum na wiele dolegliwości fizycznych, ale też fenomenalnie łagodzi napięcia psychiczne, stres, przywraca stabilność emocjonalną, znosi irracjonalne niepokoje i lęki. Dzięki relaksacji, właściwemu oddechowi, ćwiczeniom fizycznym zwanym asanami oraz medytacji stopniowo zaczynamy odzyskiwać kontakt z własnym ja, łapiemy dystans do wielu spraw, puszczają napięcia. To niesamowite, ale już po kilku sesjach odczujesz znaczące zmiany w samopoczuciu fizycznym i psychicznym. Zapewniam, że po 10 dniach z programem Happy Detoks poczujesz się spokojniejsza, bardziej odprężona, radosna, pewna siebie i pełna energii. Znikną drobne dolegliwości, poprawi się funkcjonowanie całego organizmu. I co najlepsze, za tą przemianą nie kryje się żadna ezoteryczna tajemnica, tylko solidna wiedza o tym, jak na nasz organizm działa joga. A działa wszechstronnie na każdy układ życiowy człowieka: krwionośny, limfatyczny, oddechowy, immunologiczny, kostny, mięśniowy, nerwowy, hormonalny, trawienny i wydalniczy. Serio!

„Praktykuj, reszta przyjdzie sama".
– Sri K. Pattabhi Jois

Najlepsza wiadomość jest taka, że wcale nie musisz poświęcać na jogę 90 minut dziennie, choć pewnie wcześniej czy później wygospodarujesz i półtorej godziny, bo joga wciąga i uzależnia jak mało co, ale w końcu trudno się winić za uzależnienie od dobrego samopoczucia i buzujących w ciele, na skutek praktyki, hormonów szczęścia, czyli endorfin! Na potrzeby programu Happy Detoks opracowałam zestawy 5-, 10-, 15-, 20-, i 30-minutowe, które możesz wykonywać samodzielnie lub łączyć w dłuższe moduły. W kolejnym podrozdziale podam Ci dokładne instrukcje, jak korzystać z poszczególnych zestawów. Na początek zachęcam Cię, żebyś mi zaufała, oparła się na moim doświadczeniu i zrealizowała program, tak jak jest on opisany w książce. Po 10 dniach, gdy już w pewnym stopniu lepiej skontaktujesz się z własnymi potrzebami, możesz dostosować poszczególne moduły do swojego planu dnia, potrzeb i upodobań.

Wskazówki do praktyki

- Jogę zawsze praktykuj na czczo lub co najmniej dwie godziny po posiłku.
- Nie ćwicz po długim pobycie na słońcu, bezpośrednio po innych formach sportu, masażu czy saunie, gdy jesteś chora lub osłabiona, po spożyciu alkoholu lub środków odurzających, przy stwierdzonych zaburzeniach psychicznych.
- Miej na uwadze swoje ograniczenia ruchowo-zdrowotne.
- W przypadku ciąży lub problemów ze zdrowiem skonsultuj się zarówno z lekarzem, jak i nauczycielem jogi.
- W trakcie menstruacji wybieraj łagodną, relaksującą praktykę.

Happy joga

POWITANIE SŁOŃCA – 10 minut

Zaledwie 10 minut powitania słońca na początek dnia i jesteś jak nowo narodzona. Ta nieprawdopodobnie wszechstronna sekwencja pozycji jogi daje zastrzyk energii na cały dzień! Jest cudowną rozgrzewką dla całego organizmu: poprawia krążenie krwi, trawienie i wchłanianie pokarmów, dodaje energii, masuje wewnętrzne organy, oczyszcza organizm z toksyn, zwiększa odporność na stres, zmniejsza napięcie klatki piersiowej, umożliwiając głębokie oddychanie, wzmacnia siłę i elastyczność, rewitalizuje ciało i rozjaśnia umysł. Gdy opanujesz tę sekwencję asan i zaczniesz płynnie przechodzić z jednej pozycji w drugą, poczujesz się pełna gracji, zmysłowa i elastyczna, a energia będzie bić z każdej komórki Twojego ciała. W jodze nazywamy to praną. Niewidzialna energia życiowa, rozbudzona przez praktykę jogi, dodaje skrzydeł lepiej niż napoje energetyczna i kawa. Słońce wstało? Wstawaj i Ty. Zacznij nowy piękny dzień od powitania słońca.

„Każda asana ma piękny kształt, grację i elegancję – nadaje moc i czyni praktykującego tak silnym jak diament, a jednocześnie miękkim jak kwiat".
– BKS Iyengar

Powitanie słońca to cykl kilku lub kilkunastu asan, płynnie po sobie następujących, których zadaniem jest rozgrzanie, rozciągnięcie i wzmocnienie ciała oraz przygotowanie go do dalszej praktyki jogi. Gorąco namawiam do wykonywania powitania słońca samodzielnie w domu jako formy codziennej porannej gimnastyki, dzięki której organizm budzi się i dostaje dawkę energii niezbędną do działania w ciągu dnia.

Jak wykonać powitanie słońca?

Istnieje wiele różnych rodzajów powitania słońca, w programie Happy Detoks prezentuję sekwencję surya namaskar według tradycji Sivananda Joga. W tym systemie jest to 12 pozycji, które wykonuje się w płynnych przejściach z jednej asany w drugą, tak że powstaje jedno ciągłe ćwiczenie. Na jedną rundę powitania słońca składają się dwa cykle: pierwszy z prowadzącą prawą stopą, drugi z prowadzącą lewą. W tradycyjnej sesji Sivananda Joga wykonuje się 6 rund, czyli 12 cykli surya namaskar po 12 pozycji w każdej.

uwielbiam to!

1. Stań prosto, stopy razem, dłonie złożone na klatce piersiowej jak do modlitwy. Zrób wydech.

2. Podczas wdechu wyciągnij ramiona do góry i wygnij się do tyłu w wygodnym dla siebie zakresie. Biodra wysuń do przodu, nogi utrzymaj wyprostowane, rozluźnij szyję.

3. Na wydechu skłoń się do przodu i połóż dłonie na podłodze, tak aby czubki palców dłoni znalazły się w jednej linii z palcami stóp. Jeśli nie dosięgasz do podłogi, ugnij nogi w kolanach.

Zeskanuj zdjęcie, żeby zobaczyć, jak wykonać powitanie słońca.

4. Z wdechem, utrzymując cały czas dłonie przy stopach, wyciągnij prawą nogę (w pierwszym cyklu) lub lewą (w drugim cyklu) do tyłu i dotknij prawym lub lewym kolanem do podłogi. Wygnij się do tyłu w wygodnym dla siebie zakresie i popatrz do góry.

5. Zatrzymaj oddech i odstaw drugą nogę do tyłu (odpowiednio, w zależności od cyklu, prawą lub lewą). Utrzymujesz teraz ciężar ciała na dłoniach i palcach stóp. Utrzymaj głowę i tułów w jednej linii, dbając o to, by biodra nie opadały w stronę podłogi. Wzrok skieruj na podłogę miedzy dłońmi, nie opuszczając przy tym głowy.

6. Z wydechem po kolei opuść na matę kolana, klatkę piersiową i czoło. Biodra są uniesione, a palce stóp podwinięte.

7. Na wdechu opuść biodra, rozprostuj ramiona, wyciągnij palce stóp i wygnij się do tyłu. Nogi trzymaj złączone, barki ściągnij w dół, otwórz klatkę piersiową. Popatrz do góry.

8. Zrób wydech, podwiń palce stóp, unieś biodra do góry, rozprostuj nogi, ciężar ciała jest równomiernie rozłożony na dłoniach i stopach, stopy pozostają złączone, a Twoje ciało przypomina odwróconą literę V.

9. Podczas kolejnego wdechu zrób wykrok do przodu prawą (pierwszy cykl) lub lewą stopą (drugi cykl), tak by znalazła się między dłońmi. Kolano drugiej nogi jest na podłodze, patrzysz do góry.

10. Wraz z wydechem dostawiasz lewą lub prawą nogę (w zależności od cyklu), prostujesz obie nogi i pozostajesz w skłonie, opierając dłonie na podłodze, tak jak w pozycji 3.

11. Z wdechem płynnym ruchem wyciągasz ramiona najpierw do przodu, do góry i w końcowej fazie ruchu za głową, wykonując skłon tułowia do tyłu, tak jak w pozycji 2.

12. Z wydechem wracasz do pozycji wyprostowanej z ramionami opuszczonymi swobodnie wzdłuż ciała.

HAPPY JOGA LEPSZE TRAWIENIE - 5 minut

Poznaj trzy najlepsze pozycje jogi, które poprawiają, przyspieszają i regulują metabolizm. Mogą być wykonywane razem lub oddzielnie. Na czczo rano, by pobudzić perystaltykę jelit, lub pół godziny przed posiłkiem, aby wspomóc trawienie.

Zeskanuj zdjęcie, żeby zobaczyć, jak wykonać asany na lepsze trawienie.

1. VAJRASANA
pozycja diamentowa

Wykonywana przed jedzeniem sprzyja redukcji nadwagi, gdyż aktywuje i poprawia pracę układu trawiennego. Dodatkowo przynosi ulgę przy rwie kulszowej, pomaga w zaburzeniach potencji i problemach z krążeniem w kończynach dolnych. To też jedna z niewielu asan, którą można wykonać zaraz po jedzeniu. Wykonywana dwa razy dziennie od 5 do 15 minut usuwa gazy i większość problemów żołądkowych. Jest polecana przy przejedzeniu. Gdy zdarzy Ci się obżarstwo, usiądź na co najmniej 10 minut w vajrasanie, a ruszy twój metabolizm.

Wykonanie:

Uklęknij, połącz duże palce stóp, pozwól piętom opaść swobodnie na boki, kolana utrzymaj razem lub rozsuń je na wygodną szerokość (jeśli pośladki nie dotykają pięt, podłóż pod nie poduszkę lub specjalistyczną kostkę), rozluźnij tułów i brzuch, zaś głowę i kręgosłup trzymaj prosto. Utrzymaj pozycję przez 1 do 3 minut. Wykonywanie oddechów na trawienie w tej pozycji wzmacnia ich działanie.

2. MALASANA
pozycja girlandy

Poprawia krążenie krwi w narządach wewnętrznych układu trawiennego, delikatnie masuje brzuch, przyśpiesza perystaltykę jelit. Ustawia układ wydalniczy w idealnej pozycji do wypróżnienia. Świetna przy zaparciach czy problemach z leniwym metabolizmem.

Wykonanie:

Stań na macie i rozstaw stopy na szerokość bioder. Zrób kilka głębokich oddechów, następnie ukucnij. Być może łatwiej będzie Ci wytrwać w pozycji, jeśli rozstawisz stopy szerzej. Ramiona wysuń do przodu, złącz dłonie na piersiach w geście namaste, głowę opuść swobodnie, rozluźnij mięśnie karku, szyi i barków. Ciężar ciała rozłóż równomiernie na całych stopach. Jeśli nie dotykasz piętami podłogi, możesz podłożyć sobie pod nie kostkę lub zrolowany koc. Wytrzymaj w pozycji od 1 do 3 minut, głęboko i równo oddychając.

3. ARDHA MATSYENDRASANA
pozycja pół skrętu mędrca Matsyendra

Oczyszcza z toksyn i poprawia perystaltykę jelit. Organy wewnętrzne w tym skręcie są mocno ściśnięte, masowane i uwalniają się z nich toksyny. Gdy wychodzimy z pozycji, krew świeżym, mocnym strumieniem dopływa do wątroby, nerek, śledziony, woreczka żółciowego i jelit, oczyszcza je i pobudza do lepszej pracy. Można to porównać do wyciskania gąbki, którą się przetarło brudną powierzchnię – wyciskasz z niej brud, a następnie płuczesz ją w czystej wodzie. Dodatkowo pozycja ta rozciąga kręgosłup w płaszczyźnie bocznej, poprawia jego elastyczność i ruchomość kręgów. Pomaga przy bólach pleców i reumatyzmie, uelastycznia biodra i barki.

Wykonanie:

Siedząc w vajrasanie, przenieś pośladki na prawą stronę. Ugnij prawą nogę i przestaw prawą kostkę za lewe kolano. Upewnij się, że oba pośladki są równomiernie dociśnięte do podłogi. Unieś prawe ramię, rozciągnij cały prawy bok ciała i przenieś ramię do tyłu, opierając dłoń o matę pośrodku tułowia. Teraz unieś lewe ramię, wyciągnij lewy bok ciała, ugnij rękę w łokciu i zahacz lewy łokieć za prawym kolanem. Głowę obróć w prawą stronę i patrz za prawym barkiem za siebie. Pozostań w pozycji przez 2 minuty. Wróć do siedzenia na piętach, zrób kilka głębokich przeponowych oddechów i powtórz asanę na drugą stronę.

HAPPY JOGA DOBRY SEN – 10 minut

Oczyszczanie organizmu może zaburzyć jakość snu, zwłaszcza w początkowej fazie detoksu. Warto wtedy zastosować przed snem prosty zestaw pozycji jogi wyciszających układ nerwowy i rozluźniających ciało.

Joga na dobry sen usunie z ciała napięcia, unormuje pracę serca i ciśnienie krwi, uspokoi gonitwę myśli. Wykonuj sekwencję codziennie przed snem w wywietrzonym pokoju, o stałej godzinie, poświęcając na każdą z asan od 2 do 5 minut. Zwracaj uwagę na to, gdzie w ciele umiejscowiły się napięcia, i rozluźniaj te partie wraz z każdym wydechem. Szczególną uwagę zwróć na szczęki, kark, barki, klatkę piersiową i pachwiny – tu zwykle gromadzą się stresy – świadomie odprężaj te partie ciała. W każdej asanie oddychaj powoli i głęboko. Wyobraź sobie, że z każdym wdechem wnika do Twojego ciała spokój, a każdy wydech usuwa napięcia i toksyny.

Zeskanuj zdjęcie, żeby zobaczyć, jak wykonać asany na dobry sen.

1. VIPARITA KARANI
łagodna pozycja odwrócona

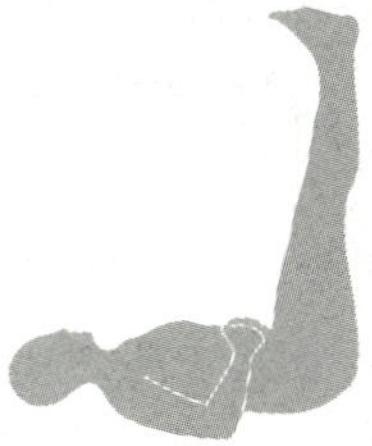

Wykonanie: Usiądź prawym biodrem do ściany, połóż się na plecach i przekręć się tak, aby oprzeć nogi o ścianę pod kątem prostym. Jeśli odczuwasz zbyt intensywne rozciąganie tyłów nóg, odsuń się od ściany na wygodną odległość.

2. SUPTA BADDHA KONASANA
pozycja spętanego kąta

Wykonanie: Połóż się na plecach, ramiona ułóż w wygodnej odległości od ciała, złącz podeszwy stóp i podciągnij stopy w kierunku pośladków, pozwalając, aby kolana miękko opadły na boki. Jeśli odczuwasz napięcie w nogach, podłóż pod kolana poduszki.

HAPPY JOGA DETOKS

1. Oddechy na lepsze trawienie: pulsacyjny, surya bedhana i kwadrat w pozycji diamentowej (vajrasana)
2. Savasana - pozycja trupa
3. 3 powtórzenia (po 2 cykle) surya namaskar - powitanie słońca
4. Jathara parivartanasana - pozycja skrętu bocznego
5. Pavanamuktasana - pozycja uwalniająca gazy
6. Paschimottanasana - pozycja skłonu do przodu
7. Bhujangasana - pozycja kobry
8. Balasana - pozycja dziecka
9. Ardha matsyendrasana - pozycja pół skrętu mędrca Matsyendra
10. Trikonasana - pozycja trójkąta
11. Malasana - pozycja girlandy
12. Savasana - pozycja trupa

3. BALASANA
pozycja dziecka

Wykonanie: Usiądź na piętach. Wyciągnij tułów, pochyl się do przodu i oprzyj czoło na podłodze, możesz podłożyć pod czoło poduszkę lub wałek. Pośladki ułóż na piętach, ramiona wyciągnij wzdłuż ciała. Jeśli pośladki nie dotykają do pięt, wykonaj łatwiejszy wariant: rozsuń kolana na boki, utrzymując złączone palce stóp i wyciągnij ramiona do przodu.

4. PAVANAMUKTASANA
pozycja leżącego dziecka

Wykonanie: Połóż się na plecach, ugnij nogi w kolanach, obejmij je ramionami, spleć palce dłoni i przyciągnij je do klatki piersiowej, skrzyżuj kostki. Delikatnie pobujaj się w prawą i lewą stronę, a potem zrób kilka kółeczek w prawą i lewą stronę – to delikatny masaż dla dolnego odcinka kręgosłupa, następnie znieruchomiej w pozycji i poleż w niej tak długo, jak masz ochotę. Możesz zmienić skrzyżowanie stóp.

HAPPY JOGA DETOKS – 30 minut przyśpieszająca proccsy oczyszczania organizmu

Ta półgodzinna sesja Detoks zadziała regenerująco i rozluźniająco oraz przyśpieszy procesy oczyszczające. Poprawi funkcje metaboliczne organizmu oraz krążenie, dotleni i wpłynie stymulująco na pracę układu limfatycznego, którego sprawne działanie pomaga usunąć toksyny, rozciągnie ciało i zrelaksuje umysł. Najlepiej wykonywać ją rano na czczo lub przed posiłkiem. Jeść nie należy jeszcze pół godziny po praktyce.

1. Oddechy na lepsze trawienie: pulsacyjny, surya bedhana i kwadrat w pozycji diamentowej (vajrasana)
Wykonanie: Według instrukcji ze stron 95, 104 i 105.

2. Savasana – pozycja trupa (5-8 minut)
Wykonanie: Według instrukcji ze strony 100.

3. Trzy powtórzenia (po 2 cykle) surya namaskar – powitanie słońca
Wykonanie: Według instrukcji ze strony 91. Gdy skończysz wykonywać sekwencję powitania słońca, pozostań na chwilę w pozycji stojącej i zrób kilka głębokich, uspokajających oddechów.

4. Jathara parivartanasana – pozycja skrętu bocznego
Wykonanie: Połóż się na plecach. Kolana ugnij i przyciągnij do klatki piersiowej. Ramiona rozłóż na boki, wnętrza dłoni skieruj na sufit. Wraz z wydechem przenieś kolana w prawą stronę, a głowę w lewo. Pozostań tak na 10 oddechów, świadomie rozluźniając poszczególne partie ciała. Z wdechem wróć do centrum i na wydechu powtórz asanę na drugą stronę. Wróć do centrum i rozprostuj nogi.

5. Pavanamuktasana – pozycja uwalniająca gazy
Wykonanie: Leżąc na plecach, ugnij prawą nogę i przyciągnij ją do tułowia, obejmując łydkę dłońmi. Pozostań na 5 oddechów i powtórz na drugą stronę także na 5 oddechów. Następnie przyciągnij do tułowia obie nogi i pozostań na 5 do 10 oddechów. Rozprostuj nogi.

6. Paschimottanasana – skłon do przodu w pozycji siedzącej
Wykonanie: Usiądź na podłodze i wyprostuj nogi. Palce stóp skieruj na sufit, pięty wypchnij do przodu. Z wdechem

Zeskanuj zdjęcie, żeby razem z Kasią wykonać sekwencję Happy Joga Detoks!

wyciągnij ramiona do sufitu, rozciągając kręgosłup i boki ciała. Wnętrza dłoni skieruj do siebie. Z wydechem pochyl tułów do nóg, wyprowadzając skłon z bioder, potem opuść klatkę piersiowa, na końcu głowę. Ramiona wyciągnij do przodu i w zależności od swoich możliwości ułóż dłonie na łydkach lub kostkach albo złap palcami wskazującymi za duże palce stóp i oprzyj łokcie o podłogę. Rozluźnij kark i barki. Oddychaj głęboko, rozluźniając i rozciągając ciało. Podczas wydechu możesz delikatnie pogłębiać skłon. Pozostań w tej pozycji na 10 oddechów. Wyjdź z asany, lekko zaokrąglając plecy, na końcu unieś głowę. Zrób 3 głębokie oddechy i przekręć się do pozycji leżącej na brzuchu.

7. Bhujangasana – pozycja kobry
Wykonanie: Leżąc na brzuchu, połóż czoło na macie, złącz nogi, dłonie ułóż pod barkami. Na wdechu unieś głowę do góry i lekko odepchnij się od dłoni, by uzyskać wygięcie w kręgosłupie. Ręce utrzymaj ugięte w łokciach, a łokcie trzymaj blisko tułowia. Odciągnij barki od uszu, delikatnie ściągając łopatki i otwierając klatkę piersiową. Dociśnij kości biodrowe do maty. Zrób w tej pozycji 5 oddechów, po czym połóż czoło na macie i odpychając się od dłoni, przenieś pośladki na pięty do pozycji dziecka.

8. Balasana – pozycja dziecka
Wykonanie: Pośladki ułóż na piętach, ramiona wyciągnij wzdłuż ciała. Jeśli pośladki nie dotykają do pięt, wykonaj łatwiejszy wariant: rozsuń kolana na boki, utrzymując złączone palce stóp, i wyciągnij ramiona do przodu. Rozluźnij barki i plecy. Zostań w asanie na 10 oddechów. Następnie na lekko zaokrąglonych plecach, na końcu unosząc głowę, przejdź do pozycji siedzącej na piętach.

9. Ardha matsyendrasana – pozycja pół skrętu mędrca Matsyendra
Wykonanie: Siedząc na piętach, przenieś pośladki w prawą stronę. Ugnij prawą nogę i przestaw prawą kostkę za lewe

kolano. Upewnij się, że oba pośladki są równomiernie dociśnięte do podłogi. Unieś prawe ramię, rozciągnij cały prawy bok ciała i przenieś ramię do tyłu, opierając dłoń o matę pośrodku tułowia. Teraz unieś lewe ramię, wyciągnij lewy bok ciała, ugnij rękę w łokciu i zahacz lewy łokieć za prawym kolanem. Głowę obróć w prawą stronę i patrz za prawym barkiem za siebie. Pozostań w pozycji przez 5 głębokich oddechów, wróć do siedzenia na piętach i powtórz asanę na drugą stronę. Wróć do siadu na piętach. Oprzyj dłonie na podłodze i przejdź do pozycji stojącej, prostując nogi i plecy, na końcu unieś głowę.

10. Trikonasana – pozycja trójkąta

Wykonanie: Stań ze złączonymi nogami. Odstaw lewą nogę do tyłu, tworząc rozkrok o szerokości około metra. Pięta stopy z przodu wskazuje środek podbicia stopy z tyłu. Zrób wdech, rozprostuj ramiona na boki, wyciągnij tułów do przodu i schyl się do prawej nogi, połóż prawą dłoń na prawej łydce. Lewe ramię wyciągnij do góry, tak by lewa dłoń była nad lewym barkiem. Popatrz do góry. Utrzymaj pozycję przez 5 oddechów. Wróć do pozycji wyjściowej i powtórz na drugą stronę. Wróć do pozycji wyjściowej.

11. Malasana – pozycja girlandy

Wykonanie: Rozstaw stopy na szerokość bioder. Zrób kilka głębokich oddechów, następnie ukucnij. Być może łatwiej będzie wytrwać w tej pozycji, jeśli rozstawisz stopy szerzej. Ramiona wysuń do przodu, złącz dłonie na piersiach w geście namaste, głowę opuść swobodnie, rozluźnij mięśnie karku, szyi i barków. Ciężar ciała rozłóż równomiernie na całych stopach. Jeśli nie dotykasz piętami podłogi, możesz podłożyć sobie kostkę lub zrolowany koc. Pozostań w asanie na 10 głębokich oddechów. Następnie usiądź i rozprostuj nogi.

12. Savasana – pozycja trupa (5-8 minut)

Wykonanie: Połóż się na macie według instrukcji ze strony 100.

Happy relaks

Savasana, czyli czas na relaks – 20 minut

Wiesz, jaka jest najtrudniejsza asana w jodze? Savasana – pozycja trupa. Nic nie robisz, po prostu leżysz. Dla niektórych to wyzwanie na miarę zdobycia Kilimandżaro. Gdy zdobywasz górę, przynajmniej masz cel i idziesz. A w savasanie całkowicie odpuszczasz, donikąd nie zmierzasz, niczego nie chcesz osiągnąć. Leżysz bezczynnie. I właśnie do tego chcę Cię namówić – do nicnierobienia. To bardzo ważne, abyś wprowadziła relaks na stałe do swojego planu dnia, gdyż naturalne procesy oczyszczające i regenerujące zachodzą w organizmie wyłącznie wtedy, gdy autonomiczny układ nerwowy pracuje w trybie parasympatycznym, czyli w trakcie czasu świadomie przeznaczonego w ciągu dnia na odpoczynek.

Zwolnij i ciesz się życiem. Gdy pędzisz za szybko, umykają ci nie tylko piękne widoki, ale również świadomość, dokąd zmierzasz i po co”.
– Eddie Cantor

RELAKS W SAVASANIE

Wykonanie:

1. Przeznacz na relaks 20 minut w ciągu dnia, kiedy tylko umysł i ciało potrzebują ukojenia i uwolnienia napięcia, lub codziennie rano albo wieczorem.
2. Połóż się na plecach. Nogi rozsuń na wygodną szerokość około pół metra, zrelaksuj stopy, niech swobodnie opadną na boki.
3. Ręce odsuń na wygodną odległość od ciała. Przyjmuje się, że optymalny kąt między ciałem, a ramionami wynosi 45 stopni. Wnętrza dłoni skieruj na sufit.
4. Delikatnie obróć głowę w prawą i lewą stronę i pozostaw ją w najwygodniejszym ułożeniu.
5. Oczy zamknij. Możesz położyć na oczach poduszeczkę relaksacyjną lub delikatnie obwiązać je szalikiem, chustką lub bandażem elastycznym. Taki zabieg odetnie Cię od stymulacji zewnętrznej i pomoże Ci się zrelaksować.

6. Zwróć uwagę na oddech. Oddychaj przez nos, tak aby przy wdechu Twój brzuch napełniał się powietrzem i unosił do góry, a przy wydechu opadał.
7. Niech Twój oddech będzie spokojny, naturalny i niewymuszony. Nie myśl o oddechu, po prostu oddychaj.
8. Dla osób, które nie mają doświadczenia w relaksacji, na początek wyciszająca i pomocna może być łagodna muzyka relaksacyjna lub klasyczna, nagrane dźwięki natury, np. szum morza czy śpiew ptaków.
9. Na koniec wybudź ciało ze stanu relaksu: porusz palcami stóp, palcami dłoni, obróć głowę delikatnie w prawo i w lewo. Przekręć się na prawy bok i podpierając się na lewej dłoni, usiądź, otwórz oczy, zrób jeszcze kilka głębokich oddechów, a po chwili wstań i z nową energią weź się do swoich zadań.

Savasana głęboko relaksuje cały organizm. W tej pozycji ciało całkowicie się odpręża, a umysł wycisza. Regularnie wykonywany relaks przyniesie ci nieocenione korzyści – złagodzi napięcia mięśniowe i psychiczne, polepszy jakość snu, obniży ciśnienie krwi, usunie zmęczenie, zregeneruje i dotleni organizm, doda wiary w siebie, polepszy samopoczucie, poprawi koncentrację i decyzyjność. Leżąc bez ruchu, zyskasz też większą świadomość całego ciała i poszczególnych jego części. Nauczysz się dostrzegać różnice między napięciem a rozluźnieniem i korzystać z tej umiejętności w życiu codziennym.

Zeskanuj zdjęcie, żeby zobaczyć relaks w savasanie.

Happy oddech

ODDECH PRZEPONOWY – zacznij od podstaw – 5 minut

Długi, spokojny oddech przeponowy powinien być wypisywany na receptę do stosowania dwa razy dziennie przez całe życie – tańszego i łatwiej dostępnego lekarstwa jeszcze nie wynaleziono. W programie Happy Detoks oddech przeponowy to absolutna podstawa.

„Oddech to skarb, który masz tuż pod nosem".
– Jon Kabat Zinn

Jego prozdrowotne działanie jest nie do przecenienia: wydłuża życie, poprawia funkcje fizjologiczne organizmu, przyśpiesza detoksykację, przywraca równowagę emocjonalną, ratuje zdrowie fizyczne i psychiczne. Mało kto potrafi oddychać prawidłowo, większość z nas musi się tego uczyć od początku. Zwykle oddychamy płytko i szybko, co jest wynikiem tempa życia, stresu i braku świadomości transformującej mocy głębokiego oddechu. Doświadczony nauczyciel jogi czy terapeuta oddechu natychmiast rozpozna po sposobie, w jaki oddychasz, w jakim jesteś stanie. Krótki, urywany oddech wskazuje, że żyjesz w stresie, lęku i napięciu, masz raczej niską samoocenę i łatwo wyprowadzić Cię z równowagi. Oddech długi i spokojny charakteryzuje osobę zrelaksowaną, zrównoważoną, zadowoloną z życia i pewną siebie. W nerwach oddychasz płytko i szybko, gdy odczuwasz spokój, oddech naturalnie się wydłuża.

Z punktu widzenia procesów oczyszczających organizm znaczenie głębokiego oddechu jest nie do przecenienia:

- ponad 70 proc. zbędnych dla ciała substancji i toksyn jest usuwanych podczas oddechu;
- spokojny, głęboki oddech kilkakrotnie przyśpiesza pracę układu limfatycznego;
- długi, świadomy oddech opóźnia procesy starzenia.

ODDECH PRZEPONOWY

Wykonanie:

1. Wybierz pozycję, w jakiej będziesz oddychać:
   a) usiądź na brzegu krzesła, tak by kręgosłup był prosty, stopy ustaw równolegle do siebie, ręce ułóż wierzchem na kolanach, kciuk i palec wskazujący w obu dłoniach stykają się;
   b) usiądź w siadzie skrzyżnym (sukhasana: pozycja łatwa), wyprostuj kręgosłup, zrelaksuj ramiona, zamknij lub przymknij oczy, dłonie ułóż na kolanach, palec wskazujący i kciuk stykają się.
2. Zamknij lub zmruż oczy, odpręż mięśnie twarzy.
3. Uwagę skieruj na oddech.
4. Zacznij oddychać przeponą: przy wdechu napełnij brzuch powietrzem jak balon, przy wydechu wypuść je. Obserwuj, jak brzuch faluje wraz z oddechem. Możesz położyć dłoń na brzuchu, aby to odczuć.
5. Miej świadomość każdego wdechu i wydechu.
6. Zrób przynajmniej 10 takich oddechów, a dla pełnego efektu terapeutycznego poświęć na to ćwiczenie 5 minut.

Zeskanuj zdjęcie, żeby zobaczyć, jak wykonać oddech przeponowy.

Efekt jest zadziwiający, prawda? Oddech przeponowy koordynuje pracę półkul mózgowych, wspomaga pamięć i koncentrację, głęboko dotlenia cały organizm, redukuje napięcie, regeneruje i harmonizuje system nerwowy. Szybko uspokaja i odpręża. Już po kilku minutach takiego oddychania odczuwa się poprawę samopoczucia i głęboki spokój. Oddychaj w ten sposób zawsze, gdy odczuwasz napięcie, stres, zdenerwowanie i potrzebujesz się szybko zrelaksować. Oddechem przeponowym oddychaj także w trakcie ćwiczeń jogi, medytacji i relaksu.

Naucz się prawidłowo oddychać i zaobserwuj, jak zmieni się Twoje samopoczucie już po kilku minutach takiego oddechu.

HAPPY ODDECH NA LEPSZE TRAWIENIE

Poniżej prezentuję trzy bezpieczne techniki oddechowe, które wspaniale wpływają na trawienie i przyśpieszają procesy oczyszczające organizm: oddech pulsacyjny, oddech naprzemienny surya bedhana oraz oddech kwadratowy.

ODDECH PULSACYJNY

Oczyszcza układ trawienny, usuwa gazy, przyśpiesza metabolizm.

Wykonanie:

1. Wybierz pozycję, w jakiej będziesz oddychać (patrz: oddech przeponowy, strona 103).
2. Zrób kilka swobodnych oddechów przeponowych.
3. Połóż dłoń na brzuchu, żeby odczuć sposób pracy z tym oddechem.
4. Napełnij brzuch powietrzem w 3 rytmicznych wdechach.
5. Opróżnij brzuch z powietrza w 3 rytmicznych wydechach.
6. Powtórz 10 razy.

SURYA BHEDANA

Uaktywnia i usprawnia procesy trawienia.

Wykonanie:

1. Wybierz pozycję, w jakiej będziesz oddychać (patrz: oddech przeponowy, strona 103).
2. Ułóż dłonie w mudrach. W lewej dłoni złącz kciuk i palec wskazujący, w prawej dłoni zagnij palec środkowy i wskazujący do wnętrza dłoni.
3. Małym palcem i palcem serdecznym prawej dłoni zakryj lewą dziurkę nosa i zrób długi wdech prawą dziurką.
4. Zakryj kciukiem prawą dziurkę nosa, odkryj lewą i zrób nią długi wydech.
5. Zakryj ponownie lewą dziurkę i zrób długi wdech prawą dziurką.
6. Oddychaj w ten sposób przez 3 minuty.

KWADRAT

Łatwy do zapamiętania oddech, który skutecznie reguluje metabolizm oraz redukuje poziom stresu.

Wykonanie:

1. Wybierz pozycję w jakiej będziesz oddychać (patrz: oddech przeponowy, strona 103).
2. Zrób kilka swobodnych oddechów przeponowych.
3. Następnie zrób wdech, licząc w myślach do 4, zatrzymaj powietrze, znów licząc do 4, zrób wydech w tempie na 4 i zatrzymaj na 4.
4. Powtórz ten „kwadrat oddechu" 10 razy.
5. Długość wdechu i wydechu oraz zatrzymania możesz dowolnie regulować.

Techniki oddechowe w jodze nazywane są pranajamą. To potężne narzędzia, które mają bardzo duży wpływ na organizm, dlatego najlepiej uczyć się ich od doświadczonego nauczyciela i wykonywać ściśle według jego zaleceń oraz powstrzymać się od eksperymentów na własną rękę. Odpowiednio dobranym oddechem można nie tylko poprawić, uaktywnić czy wyregulować trawienie lub przyśpieszyć procesy oczyszczające organizm. Można także dodać sobie energii albo niemal natychmiast się uspokoić, obniżyć ciśnienie krwi, wyregulować bicie serca albo poprawić koncentrację, zwiększyć odporność, dodać skórze blasku, zimą ogrzać organizm, a latem skutecznie go schłodzić.

Zeskanuj zdjęcie, żeby zobaczyć, jak wykonać Happy Oddech na lepsze trawienie.

Happy medytacja

Można by powiedzieć, że umysł ma permanentne ADHD. Nauczyciele jogi i medytacji porównują go do pijanej małpy, którą ukąsił skorpion, lub do dzikiego, nieujarzmionego rumaka – tak bardzo jest niespokojny i nieprzewidywalny. Całkowite opanowanie umysłu jest praktycznie niemożliwe, to tak, jakby chcieć, aby ocean zamienił się w nieporuszoną taflę wody. Słynny jest plakat przedstawiający jogina na desce surfingowej z wdziękiem ślizgającego się po falach. Podpis pod zdjęciem głosi: skoro nie możesz zatrzymać fal, naucz się surfować. Dokładnie o to chodzi w medytacji – nieustannej aktywności umysłu nie można zatrzymać, ale można nauczyć się ją rozpoznawać i nad nią panować.

„Piękne drzewo rośnie powoli.
Trzeba czekać, aż rozkwitnie,
dojrzeją jego owoce
i dopiero wtedy można ich skosztować.
Rozwój medytacji to nieprawdopodobny spokój, który przenika całe nasze jestestwo.
Jej owoce to rzecz nieopisana".

– Swami Visnudevanada

Codzienna medytacja jest bardzo ważnym elementem programu Happy Detoks. Zadziała jak potężny strumień źródlanej wody, który oczyści każdą komórkę Twojego ciała i posłuży Ci do rozpoznania tego, w jakiej kondycji jest Twój umysł, ciało oraz emocje. Medytując, zauważysz wzorce mentalne i emocjonalne, uzmysłowisz sobie destrukcyjne nawyki, które często kierują Twoim działaniem. Uda Ci się dostrzec i przetransformować negatywne emocje. Z czasem zauważysz, że dzięki medytacji lepiej funkcjonujesz, mniej w Tobie niepokoju, trudniej wyprowadzić Cię z równowagi, nie reagujesz już nawykowo, tylko adekwatnie do sytuacji, polepszają się Twoje stosunki z otoczeniem, jesteś odprężona i zrelaksowana. Tak działa medytacja na poziomie psyche i ducha. Z punktu widzenia fizjologii podczas medytacji mózg pracuje na częstotliwości alfa, czyli odprężenia, lub theta, czyli bardzo głębokiego relaksu. Obniża się poziom hormonów stresu, mózg wytwarza więcej endorfin, które poprawiają samopoczucie, spada ciśnienie tętnicze, organizm zużywa mniej tlenu, oddech spowalnia, reguluje się metabolizm.

„Medytacja nie jest czymś dziwacznym i tajemniczym, jak to się często sądzi. Aby medytować, nie musisz stać się jakimś zombie, rośliną, egocentrycznym narcyzem, obserwatorem własnego pępka, czcicielem, entuzjastą, mistykiem albo filozofem Wschodu. Medytacja polega po prostu na tym, by być sobą i wiedzieć co nieco o tym, kim się jest".

– Jon Kabat-Zinn

Jak medytować

Jest bardzo wiele sposobów medytacji. Można utrzymywać uwagę na oddechu, medytować z mantrą, pracować z wizualizacją i tak dalej. Radzę spróbować kilku metod, najlepiej z nauczycielem, a następnie wybrać jedną i pozostać jej wiernym. Ja od wielu lat medytuję z oddechem. Można zacząć od 5 minut dziennie, rano lub wieczorem (już nawet taka krótka, codzienna praktyka przyniesie korzyści), stopniowo wydłużając czas do kwadransa, 20 minut czy pół godziny.

Zeskanuj zdjęcie, by pomedytować z Kasią!

Wykonanie:

Wskazówki do medytacji z oddechem:

1. Wyznacz jedno miejsce oraz czas na medytację i tego przestrzegaj – regularność sprzyja praktyce, a stałe miejsce pomaga się wyciszyć.
2. Usiądź z prostym kręgosłupem w siadzie skrzyżnym, japońskim lub na krześle.
3. Dłonie ułóż na kolanach, złącz kciuk i palec wskazujący.
4. Oczy zamknij lub utrzymaj półotwarte.
5. Skoncentruj się na oddechu i wyrównaj go.
6. Przez cały czas medytacji utrzymuj uwagę na oddechu, licząc dla ułatwienia oddechy od 1 do 10 (wdech, wydech – jeden, wdech, wydech – dwa etc.)
7. Gdy zauważysz, że twój umysł błądzi, wspomina, planuje lub fantazjuje, łagodnie wróć uwagą do oddechu. To się będzie zdarzać często. Nie przejmuj się tym, po prostu za każdym razem, gdy zauważysz rozproszenie uwagi, wracaj do oddechu.

Trzy pozycje do medytacji

1. NA KRZEŚLE

Wykonanie:

Usiądź na krześle. Stopy rozstaw na szerokość bioder i oprzyj o podłogę całą powierzchnią. Możesz wsunąć pod pośladki poduszkę, tak by kolana były niżej niż miednica. Utrzymuj prosty kręgosłup.

2. W SIADZIE SKRZYŻNYM NA PODŁODZE LUB PODUSZCE MEDYTACYJNEJ

Wykonanie:

Prawa stopa leży przed lewą, możesz też ułożyć ją na lewej łydce (ćwierćlotos) lub lewym udzie (półlotos). W tych dwóch pozycjach możesz pod kolana podłożyć poduszki, żeby te były podparte. W pełnym lotosie kładziesz prawą stopę na lewym udzie, a lewą na prawym. W każdym wariancie utrzymujesz prosty kręgosłup.

3. W SIADZIE JAPOŃSKIM (POZYCJA DIAMENTOWA) NA PODUSZCE, KOSTCE LUB WAŁKU

Wykonanie:

Uklęknij, rozsuń kolana na wygodną szerokość, podłóż pod pośladki poduszkę, rozluźnij tułów i brzuch, głowę i kręgosłup trzymaj prosto.

Najlepsze do medytacji są świt i zmierzch, gdy umysł jest wolny od codziennych trosk, a atmosfera sprzyja rozwojowi ducha. Jeśli z jakiś względów nie możesz w tym czasie medytować, wybierz inne pory dnia, w których troski i zajęcia codzienności nie oderwą Cię od celu, jakim jest uspokojenie umysłu.

Rozdział VIII

Realizacja programu Happy Detoks, czyli jak to wszystko połączyć?

„Jedz mało i dobrze, wysypiaj się, ćwicz,
medytuj, nie przestawaj się uczyć,
spotykaj się z ludźmi, decyduj o swoim życiu
i odnajduj w każdym dniu tyle radości,
ile tylko możesz!”
– Dominique Loreau

W jodze mawiamy, że uncja praktyki warta jest tonę teorii. Happy Detoks czas zacząć!

W tym i kolejnym rozdziale rozpiszę cały program na dni – od pierwszego do dziesiątego. Otrzymasz przepisy i ćwiczenia na każdy dzień. W fazie eliminacyjnej i w fazie wyjścia możesz albo wykorzystać przepisy z książki, do czego cię namawiam, bo to doskonale skomponowane menu, fajna przygoda, mnóstwo inspiracji oraz urozmaicenie Twojego repertuaru kulinarnego, albo gotować po swojemu, ale trzymając się podanych przeze mnie ogólnych wskazówek (strona 37). W fazie alkalizującej trzymaj się ściśle zaleceń programu. Oczywiście, jeśli będziesz chciała w którymś z przepisów zastąpić sałatę rukolą albo pestki dyni pestkami słonecznika, a zamiast zupy kremu z kalafiorów zjeść krem brokułowy, to nie ma sprawy, tylko zapoznaj się z listą produktów maksymalnie alkalizujących organizm (strony 54–55) i zamieniaj składniki zgodnie z tym spisem.

Podstawowe założenia programu *Happy Detoks*:

1. Program Happy Detoks to 10-dniowy holistyczny program oczyszczający dla aktywnych kobiet, które chcą odzyskać przyjemność z przebywania w swoim ciele i w swoim świecie.

2. Program Happy Detoks wykorzystuje wiedzę czerpiącą z nowoczesnej dietetyki i łączy ją z mądrością Wschodu, według której jedzenie, właściwe ćwiczenia, oddech, medytacja oraz sposób myślenia o świecie traktowane są jako sposób na zdrowie, urodę i długowieczność.

3. Program Happy Detoks trwa 10 dni: 3 dni zajmuje faza eliminacyjna, 4 dni – faza alkalizująca Happy Dieta pH (w tym 1 dzień monodieta), 3 dni – faza wyjścia.

4. W programie Happy Detoks codziennie jesz 5 lekkostrawnych, sycących posiłków: śniadanie, drugie śniadanie, obiad, podwieczorek, kolację. Pół godziny przed każdym posiłkiem wypijasz szklankę ciepłej wody, a codziennie po obiedzie filiżankę lub dwie zielonej herbaty albo herbatkę ziołową. Dodatkowo w programie Happy Detoks zalecam do picia wodę o temperaturze pokojowej i herbatki z pokrzywy,

mięty, kopru włoskiego, rumianku oraz gotowe mieszanki oczyszczające organizm.

5. Program Happy Detoks najlepiej jest zacząć we wtorek, tak aby najbardziej wymagający dzień płynny (monodieta) wypadł w sobotę, czyli dzień wolny od pracy. Weekend poprzedzający detoks możesz poświęcić na opróżnienie szafek kuchennych z produktów, które znalazły się na czarnej liście, oraz zrobienie zakupów do programu Happy Detoks. Wybierz się do sklepów z żywnością ekologiczną i kup dobrej jakości owoce, warzywa, rośliny strączkowe, kasze, orzechy, migdały, herbatki ziołowe, przyprawy etc.

6. Umawiamy się, że w fazie eliminacyjnej, alkalizującej i wyjścia całkowicie wyeliminujesz ze swojego pożywienia szkodliwe, zakwaszające i zatruwające toksyny! Przez 10 dni nie tkniesz: kofeiny (kawa, herbata, napoje typu coca-cola, drinki energetyzujące), alkoholu, cukru, papierosów, białej mąki, mięsa, mleka, jajek i innych produktów pochodzenia zwierzęcego. W fazie Happy Dieta pH będziesz jadła pokarmy maksymalnie alkalizujące krew, tkanki, komórki i organy, a także dostarczające wszelkich składników odżywczych niezbędnych do przeprowadzenia oczyszczania

Umowa stoi? To do dzieła!

RAMOWY PLAN DNIA W PROGRAMIE HAPPY DETOKS

1. Zacznij dzień od:
   a) 10- albo 20-minutowej medytacji,
   b) oddechów poprawiających trawienie,
   c) 10 powitań słońca.

UWAGA: Całość zabiera około 30 minut. Jeśli nie masz czasu na zrobienie całości, wybierz jeden z trzech modułów.

2. Pół godziny przed śniadaniem wypij szklankę ciepłej wody z sokiem z połowy cytryny.
3. Zjedz śniadanie.
Pół godziny przed drugim śniadaniem wypij szklankę ciepłej wody.
4. Zjedz drugie śniadanie.
Pół godziny przed obiadem wypij szklankę ciepłej wody
5. Zjedz obiad.
Po obiedzie wypij 1–2 filiżanki zielonej herbaty.
Pół godziny przed podwieczorkiem wypij szklankę ciepłej wody.
6. Zjedz podwieczorek.
7. Po pracy wykonaj 20-minutową relaksację albo zrób sesję jogi detoks.
Pół godziny przed kolacją wypij szklankę ciepłej wody.
8. Zjedz kolację.
9. Przed snem wykonaj:
   a) oddech uspokajający,
   b) sekwencję asan na dobry sen,
   c) 10- lub 20-minutową medytację.

UWAGA: Całość zabiera około 30 minut. Jeśli nie masz czasu na zrobienie całości, wybierz jeden z trzech modułów.

10. Opisz swoje wrażenia w dzienniku oczyszczania.

Dziennik oczyszczania

Chciałabym Ci zaproponować, żebyś równolegle z przeprowadzaniem programu Happy Detoks założyła dziennik oczyszczania, w którym na bieżąco będziesz notować swoje doświadczenia i inspiracje. Byłoby doskonale, gdybyś zapisywała w nim swoje wrażenia codziennie wieczorem. Dzięki temu przez czas trwania programu będziesz świadoma całego procesu oraz jego oddziaływania na twoje ciało, umysł i emocje. Dziennik możesz prowadzić po swojemu lub korzystać z moich sugestii. Codziennie odpowiadaj sobie na pytania ogólne i szczegółowe, które zamieszczam poniżej.

Ustal intencję

Na początek zadaj sobie pytanie: PO CO PRZEPROWADZAM OCZYSZCZANIE? By poprawić stan zdrowia, odzyskać formę, naładować akumulatory, pozbyć się toksyn, odzyskać kontakt ze sobą, rzucić nałogi, stracić zbędne kilogramy, poczuć się młodo, lekko i świeżo, odpocząć, dowiedzieć się nowych inspirujących rzeczy, które pozwolą Ci wprowadzić zdrowe nawyki do Twojego stylu życia? A może masz inne powody? To bardzo ważne, abyś dobrze się zastanowiła, dlaczego decydujesz się na ten program, gdyż stanie się to Twoją motywacją na najbliższe 10 dni i pomoże Ci go zrealizować. Aby wzmocnić intencję, powtarzaj ją sobie codziennie rano przed rozpoczęciem praktyki jogi czy medytacji.

Pytania ogólne

1. W jakim jesteś nastroju: radosna, szczęśliwa, pogodna, spokojna, apatyczna, pełna energii czy wprost przeciwnie, nic Ci się nie chce, jesteś spięta, niespokojna, znudzona?
2. Jaki jest Twój poziom energii?
3. Jak spałaś? Czy coś Ci się śniło? Jeśli tak, zapisz swój sen.

Pytania szczegółowe

1. Co było dziś dla Ciebie łatwe: dieta, oddech, medytacja, asany?
2. Co było dziś dla Ciebie trudne: dieta, oddech, medytacja, asany?
3. Co Ci dziś najbardziej smakowało?
4. Co Ci dziś nie smakowało?
5. Czy byłaś dziś głodna? Kiedy i w jakich okolicznościach?
6. Jak się czułaś przed posiłkiem?
7. Jak się czułaś po posiłku?
8. Jak się czułaś przed praktyką?
9. Jak się czułaś po praktyce?
10. Czy pojawiły się niespodziewane myśli, emocje? W jakich okolicznościach?
11. Jakie masz objawy oczyszczania: ból głowy, nudności, ogólne złe samopoczucie, senność, bezsenność, zaparcia, biegunki, objawy zbliżone do przeziębienia? Jest Ci zimno? Czy pojawiły się wypryski skórne, nieprzyjemny zapach potu i oddechu? Może coś jeszcze?

Zadawaj je sobie codziennie

10 przykazań programu Happy Detoks:

1. Każdy dzień zacznij od szklanki ciepłej wody z cytryną, poprawisz perystaltykę jelit i odkwasisz organizm.
2. Każdego dnia poświęć co najmniej 30 minut na jogę i medytację, a optymalnie 90 minut: 30 minut rano, 30 minut po pracy, 30 minut przed snem – efekty przejdą Twoje najśmielsze oczekiwania.
3. Jedz do syta, nie ma potrzeby ograniczać porcji. Detoks to nie dieta odchudzająca, choć na pewno zrzucisz zbędne kilogramy.
4. Pół godziny przed każdym posiłkiem wypij szklankę ciepłej wody. Dzięki temu nawodnisz organizm i przyśpieszysz metabolizm.
5. Jedz 5 posiłków dziennie regularnie o tych samych porach – staraj się nie robić przerw dłuższych niż 3 godziny między nimi. Twój organizm będzie trawił wszystko na bieżąco, nie robiąc zapasów, co poskutkuje redukcją nadwagi.
6. Nie podjadaj między posiłkami. Dieta Happy Detoks jest obfita, dobrze zrównoważona i zaspokaja potrzeby organizmu. Na początku możesz odczuwać głód, ale to głównie ze względu na to, że wszystkie posiłki są lekkostrawne i nie zalegają godzinami w żołądku. Pamiętaj, jeśli chce Ci się jeść, prawdopodobnie chce Ci się pić – napij się wody.
7. Wszystkie płyny w programie Happy Detoks pij powoli, małymi łyczkami. Nie pij w trakcie posiłków – to rozcieńcza kwasy żołądkowe i utrudnia trawienie.
8. Posiłki jedz w ciszy i spokoju, dokładnie przeżuwając każdy kęs. Według ajurwedy spokój w trakcie posiłku sprzyja dobremu trawieniu, a Ty wreszcie zauważysz, co masz na talerzu.
9. Codziennie znajdź przynajmniej 20 minut na kontakt z naturą. Idź do parku, na łąkę lub skwer i nic nie rób. Zwyczajnie „zawieś się", tak jak czasami robi to Twój komputer. Potrzebujesz takiego resetu bardziej, niż Ci się wydaje.
10. Be happy!

Dzienniki detoksu Agnieszka

Lat 43, prowadzi własny biznes, żona i matka dwóch nastoletnich synów. Żyje bez kawy, papierosów, sporadycznie pije wino, ćwiczy dość regularnie, ale nie jogę, odżywia się zdrowo. Nie je czerwonego mięsa i glutenu, a detoks przeprowadza od kilku lat raz do roku. Wyzwaniem jest dla niej regularność posiłków, szczególnie w drugiej połowie dnia, no i niepodjadanie chleba.

Dzień 1

Trudno było mi się zorganizować, nie miałam wszystkich składników w domu, więc trochę improwizowałam. Nie wykonałam ani porannej sesji jogowo-oddechowo-medytacyjnej, ani wieczornej. Harmonogram w ciągu tygodnia wyliczony mam co do minuty, więc byłam przekonana, że absolutnie nie znajdę na nią miejsca i czasu.

Dzień 2

Poranek jak zwykle w pędzie, więc znowu zrezygnowałam z sesji, za to posiłki przygotowałam i spakowałam w pudełka, by nie zaburzać ich regularności – z tego jestem bardzo dumna. Były smaczne, ale trochę małe, więc w żołądku czułam lekkie ssanie. Wieczorem zrobiłam pierwszą sesję. Ludzie! Jak ja nie lubię oddechów! Nigdy za nimi nie przepadałam, mimo że wiem, jakie mają fantastyczne działanie i, komu jak komu, ale mnie by się przydały w tym moim ciągłym pośpiechu i napiętym co do minuty grafiku.

Dzień 3

Obudziłam się z bólem głowy, nie wiem, czy to przez oczyszczanie, czy z powodu pogody. Wypiłam ciepłą wodę na czczo (bardzo mi odpowiada), odwiozłam syna do szkoły, potem postanowiłam zrobić sesję jogi. Wyszło fajnie, ciało mam rozciągnięte, a umysł spokojniejszy, ale głowa nadal ćmi. Przygotowuję posiłki i biegnę do pracy.

Dzień 4

Ból głowy obudził mnie w nocy, więc to raczej efekt detoksu. Posiłki już są wystarczające, nie czuję łaknienia, podoba mi się uczucie lekkości. Chciałabym się tak czuć zawsze po jedzeniu.

Dzień 5

Mam bardzo intensywne sny, ból głowy ustąpił. Polubiłam poranną sesję. Dzisiaj dzień na wywarze warzywnym. Nie ukrywam, że dodałam do niego nieco orientalnych przypraw, bo był zbyt nijaki w smaku. Podobał mi się ten dzień. Nawet przez chwilę nie byłam głodna, co mnie bardzo pozytywnie zaskoczyło.

Dzień 6

Czuję się dobrze. Głowa już mnie nie boli. Wstałam wcześniej, by zrobić sesję, zanim cały dom się obudzi. Energii mam sporo, idę na ćwiczenia z trenerem, potem przygotowuję zupę oraz drugie danie, pakuję do pojemników i lecę do pracy. Mam nadzieję, że jutrzejszy dzień będzie równie udany.

Dzień 7

No i był. Rzeczywiście samopoczucie mam doskonałe, fizycznie czuję się bardzo dobrze. Moje ciało jest dotlenione, lekkie, pełne energii. Smak posiłków bardzo mi odpowiada. Właściwie mogłabym się tak odżywiać codziennie.

Dzień 8

Dzisiaj niedziela, na ogół wstaję między 9 a 10. A tu proszę, pobudka o ósmej, przed domownikami, żeby zrobić całą sesję w spokoju. To bardzo przyjemne uczucie mieć tę siłę, i przede wszystkim chęć, by wstać w niedzielę rano! Trochę trudno było po południu, bo domownicy wymusili obiad w restauracji, na który ja tylko zerkałam, najadłszy się swoich potraw przed wyjściem. Ale szczerze mówiąc, nie miałam w ogóle ochoty na sushi, które naprawdę uwielbiam. Dzień zakończyłam sesją. Jest coraz przyjaźniejsza.

Dzień 9

Zbliża się koniec detoksu i czuję, że gdyby nie wyjazd narciarski z rodziną, to chętnie kontynuowałabym ten cały proces. Lubię poranne asany, do medytacji chętnie wróciłam, nie wykonywałam jej od lat. Tylko oddechy, nie wiedzieć czemu, nie stały się moim ulubionym zajęciem, mimo że zdaję sobie sprawę z tego, iż są bardzo przydatne dla zdrowia i psychiki. Jedzenie mi odpowiada, czasami tylko nie mogę dostać czegoś z listy składników. Dziś nie udało mi się kupić jarmużu, w przepisie Jarmuż Orient Express zastąpiłam go więc kapustą pekińską, a wcześniej w przepisie na jarmużowe pesto – natką.

Dzień 10

Ostatni dzień, ale dla mnie to jednak początek nowego stylu życia. Bardzo dobrze się czuję, jestem bardziej zrelaksowana, myśli mam lżejsze, łatwiej znieść mi problemy. Odczuwam witalność i energię, bardzo podoba mi się także poczucie lekkości. Nie boli mnie brzuch ani głowa. Jadę na narty, a potem szybko wracam do tego wszystkiego, z czym dzisiaj chwilowo się żegnam. Wiem, że warto.

Ewa

Lat 31, copywriterka w agencji reklamowej. Wegetarianka od piętnastu lat. Stara się nie stresować życiem, bo szkoda na to czasu, tylko korzysta z niego jak opętana. Co za tym idzie, lubi się bawić, na imprezach raczej pije niż nie pije, mało śpi i ma słabość do junk foodu. Jednocześnie wie, że sami doprowadzamy się do choroby i dlatego co jakiś czas wykupuje cateringi makrobiotyczne oraz odkwasza organizm. Fazę eliminacyjną i fazę wyjścia częściowo ogarnęła zamawianym wegańskim jedzeniem, częściowo zrobiła sama w domu, ale fazę alkalizującą przygotowała ściśle według zaleceń programu Happy Detoks.

Dzień 1

Zaspałam i nie miałam dziś czasu na medytację. Obiecuję, że to się więcej nie powtórzy☺. Na śniadanie za to grzecznie zjadłam owsiankę, a przez cały dzień piłam dużo wody. Na obiad była pomidorowa oraz makaron ryżowy z mango, kokosem i kolendrą, a na kolację duża sałatka z warzywami, pestkami i smażoną cukinią. Zero słodyczy, kawy, białej mąki i innych trucizn. Po pracy zrobiłam relaksację „na trupa", która bardzo mi się podobała, bo w prosty sposób usuwa napięcia i stres z ciała. Szybko też wycisza. Wieczorem nie zrobiłam medytacji, bo zasnęłam.

Dzień 2

Poziom zadowolenia wysoki. Skoro świt zrobiłam oddechy na trawienie, medytację oraz kilka powitań słońca. Przy robieniu wdechów zauważyłam, że płytko oddycham, muszę nad tym popracować. Na czczo wypiłam letnią wodę, ale bez cytryny (mam nadżerki i nie mogę podrażniać żołądka). Na śniadanie zjadłam owsiankę, na drugie śniadanie zielony koktajl (pietruszka, banan, cytryna, daktyle), a na obiad risotto z grzybami. Piłam wodę z pomarańczą i zieloną herbatę. Na kolację miałam sałatkę na kuskusie (tzw. tabbouleh). Wieczorem pozycja trupa i medytacja. Fajne wyciszenie po pracy.

Dzień 3

Poranek zaczęłam od oddechów, minimedytacji i kilku powitań słońca. Na śniadanie zjadłam owsiankę, na obiad zupę ze szpinaku i jarmuż z warzywami na parze. Czuję się lekko i dobrze, chociaż rano trochę bolało mnie gardło. Pije szałwię i jest okej. Na kolację znowu przygotowałam tabboulch, potem zrobiłam relaksację i medytację. Jestem ciekawa fazy alkalizującej.

FAZA ALKALIZUJĄCA

Dzień 4

Od początku detoksu dobrze i smacznie śpię, ale chodzę spać po dobranocce☺. Jestem spokojna. To miła odmiana, bo ogólnie mam „gorącą głowę", w której ciągle coś się kłębi. Z powodu lekkostrawnego jedzenia czuję się lekko i mam mnóstwo energii. Nie zamulam się białą mąką, ciężkimi chlebami czy coca-colą.

Dzień 5

Dziś dieta płynna – ciekawe, jak będzie?! Od rana medytacje, oddechy, joga, spacery. Umiem już głęboko oddychać! Czuję się lekko i mam płaski brzuch. Jestem trochę osłabiona bez jedzenia (ale nie głodna!) i bardziej senna, mam mniej energii, więc większy wysiłek intelektualny nie wchodzi w grę. W nocy bolała mnie głowa, czułam wewnętrzny niepokój i megaprzyspieszone bicie serca, miałam też mdłości. Czyli detoks działa. Dużo myślę o tostach z serem i ciastach śliwkowych z kruszonką, ciekawe dlaczego?

Dzień 6

Jestem osłabiona po ciężkiej nocy, ale odzyskuję siły. Mam gorzki posmak z tyłu języka i małą wysypkę na buzi (zawsze mi się pojawia, gdy mam zatruty organizm). Joga dodała mi energii, oddechy też pomogły, drzemka była super, bo przyniosła szybkie wyciszenie. Ogólnie podczas oczyszczania wysypiam się jak nigdy, bo normalnie często w nocy się budzę i nie mogę spać przez kilka godzin.

Dzień 7

Podczas ćwiczeń czuję, że moje ciało jest uelastycznione i pełne energii, otwarte. Dziwne, ale te najprostsze medytacje sprawiają mi najwięcej trudności. Próbowałam już medytacji buddyjskiej z mantrami, pracy z czakrami i z kolorami, kąpieli w dźwiękach gongów, a tu, proszę, proste skupianie się na oddechu sprawia mi problem. Ciekawe doświadczenie pracować nad swoją głową, aby nie było w niej żadnych myśli. Bardzo dobrze mi się żyjc na koktajlach warzywno-owocowych oraz kaszach. Nie mam ochoty na słodycze, ale popełniłam inny grzech – zjadłam tosta z serem – wyrzuty sumienia targały mną przez pół nocy.

Dzień 8

Rano woda z cytryną, oddechy (wciągnęłam w nie męża!), kilka powitań słońca (dzięki mnie wzeszło!) i krótkie wyciszenie umysłu. Owsianka na śniadanie, zielony shake na przekąskę, na obiad ryż i shake owsiany z guaraną. Na kolację tabbouleh z kaszą jaglaną. Wieczorem pozycja trupa i medytacja. Wyciszenie pełne.

Dzień 9

Wczoraj położyłam się późno spać, ale na niewyspanie zastosowałam oddechy. Kilka powitań słońca i medytacja też były grane

– pomogło! Zjadłam owsiankę, na drugie śniadanie shake i sałatkę z kaszą jaglaną. Wieczorem, jak rasowa emerytka, wybrałam się na nordic walking. Nadal czuję się dobrze, lekko i jestem pełna energii. Bardzo też cieszy mnie to, że poznałam techniki, dzięki którym sama mogę poprawiać swój oddech i rozciągać ciało.

Dzień 10

Dziś ostatni dzień detoksu, ale zamierzam kontynuować zalecenia i trzymać się dzielnie. Rano wypiłam shake z zieleniny i owoców, a na obiad zjadłam kaszę gryczaną z warzywami. Wieczorem wykonałam pozycję trupa i relaks.

CZEGO NAUCZYŁ MNIE DETOKS

1. Jestem tym, co jem, jedzenie śmieciowego żarcia nie cieszy mnie jak kiedyś.
2. Ruch „otwiera” ciało i pozwala mu lepiej zarządzać energią.
3. Prawidłowe oddychanie jest nie do przecenienia – poprawia ogólną kondycję organizmu i zapewnia mu lepsze dotlenienie.
4. Dzięki jodze zmienia się sylwetka, prostują się plecy, garbienie się traci sens.
5. Kilka powitań słońca działa lepiej niż najmocniejsza kawa!
6. Skupianie się na oddechu wycisza głowę i pozwala pozbyć się zbędnych myśli, które zaśmiecają umysł.
7. Kilka prostych zabiegów, takich jak joga, oddech i medytacja, zapewnia mi zastrzyk energii na cały dzień.
8. 10 dni detoksu nie jest wcale wyrzeczeniem, tylko krokiem milowym ku poprawie samopoczucia.
9. Na kolację chcę już jeść tylko sałatki.
10. Przez jeden dzień w miesiącu będę przeprowadzać dietę płynną. Spróbuję z wywarem warzywnym i lekką sałatką wieczorem.

Ola

Lat 46, właścicielka firmy. Prowadzi w miarę zdrowy styl życia, na co dzień przestrzega diety wegetariańskiej, mięso, ryby i owoce morza je sporadycznie. Codziennie pije też kawę i czerwone wino. Regularnie chodzi na siłownię i basen. Na wyjazdach ćwiczy jogę. W domu kilka razy w tygodniu rano świadomie oddycha, medytuje przez 10 minut i wykonuje krótkie ćwiczenia rozciągające (też około 10 minut). Od ponad roku raz w tygodniu wybiera się na masaż. Zdecydowała się na oczyszczanie, ponieważ od kilku lat zmienia swoje nawyki żywieniowe w związku z problemami hormonalnymi, z którymi się boryka (choroba Hashimoto). Drugi powód to chęć rozwoju i pracy nad sobą oraz zdobycie wiedzy, którą ma zamiar wdrożyć, bo jej rodzina też chce zdrowo żyć i jest bardzo otwarta na wszystko, co nowe i dobre dla organizmu oraz ducha. Gdyby jeszcze przy tym schudła – byłoby super, ale to nie jest dla niej aż tak ważne.

FAZA ELIMINACYJNA – 3 DNI

Całkowicie zrezygnowałam z kawy, herbaty (piłam tylko zieloną), alkoholu, cukru, białej mąki, mięsa, mleka, jajek i innych produktów pochodzenia zwierzęcego.

Dzień 1

Wstaję wcześnie, około piątej trzydzieści, nie dlatego, że muszę, ale dlatego, że lubię wcześnie zaczynać dzień. Miałam poczucie misji i cieszyłam się z tego, że zrobię dla siebie coś dobrego. W salonie rozłożyłam karimatę i poduszkę do medytacji. Łatwe okazały się oddychanie i medytacja, trudne – wykonywanie asan (byłam sztywna i trochę mi się nie chciało). Jadłam owsiankę, zmiksowane owoce z olejem lnianym oraz zapiekankę warzywną. Rano wypiłam sok z cytryny z miodem, w ciągu dnia wodę i zieloną herbatę. Nie czułam głodu, wieczorem zjadłam tylko małą kanapkę z razowym chlebem i pasztetem sojowym. Medytacja i relaks wieczorem sprawiły mi ogromną przyjemność, wspaniale mnie wyciszyły i dzięki temu dobrze spałam.

Dzień 2

Trzymam dietę i ćwiczę. Pojawia się nieznośny ból głowy, który trwa jeszcze przez trzeci dzień z różnym nasileniem. W związku z tym jestem rozdrażniona i zmęczona. Utrzymanie diety nie sprawia mi problemu – w ogóle nie jestem głodna. Jadam pięć niedużych posiłków, bardzo sycąca jest kasza jaglana z warzywami oraz migdały. Pojawiają się intensywne sny, ale rano czuję się wypoczęta.

Dzień 3

Przeżywam lekki kryzys, mam ochotę „zgrzeszyć", ale szkoda mi stracić dwa poprzednie dni, rano tylko oddycham i medytuję, wieczorem idę na siłownię – bardzo się pocę i boli mnie głowa. Zupełnie nie mam ochoty na słodycze i alkohol, brak kawy nie jest dla mnie żadnym problemem, tęsknię za to za ciemnym pieczywem. Intensywnie śnię, przez co jestem odrobinę zmęczona, ale jednocześnie czuję się lżej i mam dobrą energię. Uwielbiam poranną wodę z cytryną i odrobiną miodu – stawia mnie na nogi lepiej niż kawa! Łyżkę miodu zalewam pół litrem letniej wody na noc, rano dodaję sok z połówki cytryny i odrobinę letniej wody, by napój był ciepły, ale jego temperatura nie przekraczała 45 stopni (żeby nie zabić wartości odżywczych miodu). Po około godzinie jem jaglankę. W ciągu dnia sałatkę warzywną z oliwą truflową, miksowane owoce, pestki słonecznika i migdały. Wcale nie jestem głodna.

FAZA ALKALIZUJĄCA – 4 DNI

Jest łatwiej, ponieważ mam cztery wolne dni od pracy i jadę w piękne miejsce na Mazury, gdzie kontynuuję dietę, praktykuję asany, oddychanie i medytację kilka razy dziennie. Chodzę na długie spacery i dużo przebywam na świeżym powietrzu – jest piękna, słoneczna pogoda. Czuję się dobrze, ale nadal boli mnie głowa, dużo śpię popołudniami, wieczorem zasypiam około dziewiątej i śpię mocno do piątej rano.

Dzień płynny znoszę bardzo dobrze, ale wieczorem rezygnuję z ostatniego „posiłku" i medytacji – idę spać. Nie jestem głodna, ale trochę brakuje mi normalnego jedzenia i gryzienia☺. Budzę się osłabiona, mam „miękkie" nogi, po wypiciu wody z cytryną i herbaty ziołowej te objawy mijają.

Nie boli mnie już głowa, czuję się lekko, jestem spokojna i zadowolona, że dałam radę. Wcale nie brakuje mi kawy i czerwonego wina. Czuję, że intensywne techniki oddechowe i asany oczyszczają moje ciało i głowę. Postanawiam sobie, żeby każdego wieczoru dziękować za dobry dzień i pomarzyć o czymś ważnym…

FAZY WYJŚCIA – 3 DNI

Mam ogromną przyjemność z jedzenia posiłków, jak w fazie pierwszej – smakują niezwykle bogato, są sycące, mimo iż zjadam połowę tego, co kiedyś. Nie używam soli, cukru, jedynie oliwę i prażone pestki dyni, słonecznika i sezamu. Brakuje mi ciemnego pieczywa, masła i nabiału – zwłaszcza białego sera. Zupełnie nie mam ochoty na czerwone wino. Czuję się bardzo dobrze, mam świetny nastrój i energię. Śpię 7–8 godzin dziennie, wstaję wcześnie i praktykuję oddechy, medytacje i asany – nie dłużej jednak niż pół godziny. Wieczorem nie mam już ochoty na relaks i medytację, zamiast tego idę na spacer oraz ćwiczę na siłowni pod okiem trenera, który trening dostosował do detoksu. Dziś wybieram się też na masaż. Przepis życia – zupa z cukinii i pieczonej dyni ze świeżym oregano, imbirem i kurkumą.

PODSUMOWANIE:

1. Zaskakująco łatwe były dla mnie odstawienie używek – kawy, alkoholu i cukru, a także oddechy i poranna medytacja.
2. Trudne było dla mnie zmobilizowanie się do asan i wieczornej medytacji. Brakowało mi ciemnego pieczywa i nabiału.
3. Wszystko mi smakowało, choć trochę zmuszałam się do owsianki (zastąpiłam ją jaglanką z owocami).
4. Wcale nie byłam głodna.
5. Przed praktykami oddychania, medytacji i asan czułam się trochę zaspana i zmęczona.
6. Po praktyce – zrelaksowana, spokojna i bardzo szczęśliwa.
7. Nie miałam jakichś bardzo negatywnych odczuć czy emocji, poza bólem głowy, na który normalnie nie cierpię.
8. Schudłam 1,5 kg. Czuję się rewelacyjnie, mam bardzo dużo energii, dobrze śpię, jestem spokojna i szczęśliwa.

CZEGO NAUCZYŁ MNIE DETOKS

Każdy dzień zaczynam wodą z miodem, cytryną i imbirem, jem trzy duże posiłki dziennie i dwie lekkie przekąski – najczęściej pestki i ziarenka lub jabłka. Nie piję kawy (!!!), zastąpiłam ją kawą zbożową, po czerwone wino sięgam tylko sporadycznie podczas spotkań towarzyskich. Najważniejsze – mata leży na stałe w salonie, codziennie rano, chociaż przez chwilę, oddycham, medytuję i robię osiem powitań słońca.

Martyna

Lat 35, menedżerka w korporacji. Zdecydowała się na detoks, gdyż czuła się zmęczona, chciała też zrzucić dodatkowe kilogramy po zimie i lepiej się poczuć. Na co dzień stara odżywiać się zdrowo i regularnie, ale wymagająca pracy oraz stres sprawiają, że często się zaniedbuje i w efekcie je, co popadnie, nie znajduje też czasu na relaks. Z używek pije regularnie za dużo kawy i wina. Zdarza jej się zapalić papierosa, ale tylko na imprezach. Nie jest wegetarianką. Po Happy Detoks sięgnęła, bo program tu opisany wydał jej się w miarę prosty w realizacji i umiarkowanie czasochłonny. Znalazła w nim połączenie fantastycznych przepisów, łatwych ćwiczeń oraz solidną dawkę wiedzy na temat odżywiania i relaksu.

Bardzo mi się spodobało zdanie z książki, żeby swoje ciało traktować jak świątynię, a nie śmietnik. To była moja mantra przez całe 10 dni. Pierwsze dni detoksu były dla mnie proste i przyjemne, choć miałam ochotę na słodycze i przyznam, że drugiego dnia nie wytrzymałam i zjadłam trochę gorzkiej czekolady, ale kakao to przecież superfood☺. Zachwyciłam się przepisem na surową owsiankę PIĘKNA HELENA. Rano dorzucałam do niej tylko owoce, rodzynki, trochę miodu i zdrowe śniadanie było gotowe w minutę. Pyszne, lekkostrawne i w dodatku superdziałające na mój rozleniwiony metabolizm. Bardzo odpowiadało mi też, że smoothie na drugie śniadanie mogłam sobie bez problemu przygotować w pracy. Nosiłam ze sobą stopkę miksującą, ale w końcu damskie torebki są ogromne. W biurowej kuchni tylko kroiłam owoce i warzywa, a potem je miksowałam. Ziuuuuuuuuuuu i gotowe! Zupy gotowałam w domu wieczorem i odgrzewałam je w pracy. Zamieniłam kolejność dań. Łatwiej mi było w biurze zjeść zupę i sałatkę, więc kolację zamieniłam z obiadem. Wcześniej nie miałam do czynienia z jogą ani medytacją. Najbardziej spodobała mi się pozycja trupa. Super relaksuje! I nic nie trzeba robić! Bardzo też polubiłam oddech przeponowy. Oddycham tak teraz, gdy chcę się uspokoić i zregenerować. W domu praktykowałam jogę na dobry sen, po której spało mi się super. Dzień płynny był najtrudniejszy, strasznie bolała mnie głowa, ale następnego dnia było już dobrze. W fazie wyjścia zauważyłam, że mniej mnie ciągnie do słodyczy i mam ochotę głównie na zdrowe. Zmęczenie ustąpiło, ogólnie dużo lepiej się czuję. Bardzo rozjaśniła mi się cera i ujędrniło ciało. Mam wrażenie, że zmniejszył się też cellulit. No i schudłam 2,5 kilograma. Udało mi się też rzucić palenie, co jest prawdziwym wydarzeniem! Jupi! Dzięki, dzięki i jeszcze raz dzięki!

Jestem happy!

Rozdział IX

Program Happy Detoks dzień po dniu – zdrowa i młodsza Ty w 10 dni!

„Szaleństwem jest robić wciąż to samo i oczekiwać innych rezultatów".

– Albert Einstein

Dzień I – faza eliminacyjna

MENU:

Na czczo: szklanka wody z cytryną
Śniadanie: surowa owsianka Piękna Helena
II śniadanie: 300 ml zielonego smoothie
Obiad: zupa krem z kalafiora, Miska Gryczana na zielono
Podwieczorek: jabłko i 10 namoczonych migdałów
Kolacja: zielona soczewica z pomidorem i ogórkiem kiszonym

ŚNIADANIE

SUROWA OWSIANKA PIĘKNA HELENA

4 łyżki wybranych płatków (owsiane, jaglane lub gryczane) namocz na noc lub pół godziny przed jedzeniem w 8 łyżkach wody z kilkoma migdałami lub orzechami. Rano dodaj łyżkę soku z cytryny, łyżkę miodu i łyżkę tahiny. Wymieszaj. Wkrój pół banana i pół jabłka lub użyj innych owoców sezonowych. Dodaj ziarna słonecznika i pestki dyni. Wymieszaj. Posyp łyżeczką zmielonego siemienia lnianego. Możesz dodać rodzynki, owoce goji, suszone żurawiny, daktyle, figi, wszystko, na co tylko masz ochotę.

II ŚNIADANIE

HAPPY ZIELONO MI

- 1 duży pęczek natki
- 1 banan
- 1 jabłko
- łyżka soku z cytryny
- 1 cm imbiru
- 100 ml wody

Zmiksuj wszystkie składniki.

OBIAD

ZUPA KREM Z KALAFIORA

- pół małego kalafiora
- 1 mały por
- 1 łodyga selera naciowego
- pół litra wody lub wywaru warzywnego
- 10 rodzynek
- sól, pieprz
- łyżka oliwy

Rozgrzej łyżkę oliwy. Pokrój por i seler w plasterki i smaż przez 4 minuty do miękkości. Dodaj kalafior podzielony na różyczki. Zalej wodą lub bulionem. Doprowadź do wrzenia, a potem gotuj na małym ogniu jeszcze przez 15 minut. Zmiksuj. Dopraw solą i pieprzem. Podawaj z rodzynkami, listkami rukoli, posypaną czarnuszką i skropioną kilkoma kroplami oliwy.

MISKA GRYCZANA NA ZIELONO

- 4 łyżki ugotowanej kaszy gryczanej
- garść ulubionych kiełków
- 1/2 awokado
- 1/4 papryki zielonej
- 1 mały ogórek lub 1/4 ogórka węża
- kilka rzodkiewek lub kawałek białej rzodkwi albo kalarepki
- w miarę możliwości listki świeżej bazylii, kolendry, mięty etc. (wedle uznania – nadają całości nowy wymiar smaku)
- winegret czosnkowy

Wszystkie warzywa bardzo drobniutko pokrój, świeże zioła porwij na mniejsze kawałki, połącz z kaszą, polej winegretem czosnkowym. Całość delikatnie wymieszaj.

WINEGRET CZOSNKOWY

● 1/4 łyżeczki soli ● 1/4 łyżeczki pieprzu ● mały ząbek czosnku ● łyżeczka soku z cytryny ● 2 łyżki oliwy

Sól, pieprz, sok z cytryny wymieszaj z przeciśniętym przez praskę czosnkiem, dodaj oliwę i jeszcze raz energicznie zamieszaj.

PODWIECZOREK

Jabłko i 10 namoczonych migdałów.

KOLACJA

ZIELONA SOCZEWICA Z POMIDOREM I OGÓRKIEM KISZONYM

- 10 dkg zielonej soczewicy
- 1 pomidor
- 1 ogórek kiszony
- winegret czosnkowy

Soczewicę przed gotowaniem namocz przez pół godziny. Gotuj na małym ogniu od momentu zagotowania wody przez 20 minut – możesz to zrobić dzień wcześniej lub rano. Pomidor i ogórek pokrój w kostkę i wymieszaj z soczewicą. Polej winegretem czosnkowym lub posyp solą czosnkową, polej oliwą, wyciśnij kilka kropli cytryny. Możesz dodać natkę.

PRODUKT DNIA

NAMOCZONE MIGDAŁY

Migdały jako jedyne z grupy orzechów są alkalizujące. Zawierają cenny wapń, magnez, białko, jednonienasycone kwasy tłuszczowe, witaminy B i witaminę młodości E. Przed jedzeniem warto namoczyć je na noc, dzięki temu łatwiej będzie je strawić, staną się bardziej odżywcze, zwiększą też swoją objętość prawie o połowę. Zalewaj je zawsze chłodną wodą na 8–12 godzin. Wodę możesz wymienić w trakcie moczenia. Po namoczeniu łatwo obrać je ze skórki i zmiksować na mleko migdałowe lub odżywczą papkę, o którą można wzbogacić zielone koktajle lub użyć do deserów jako masy albo śmietanki migdałowej. W programie Happy Detoks namaczaj wszystkie orzechy i pestki.

Joga, oddech, medytacja: postępuj zgodnie z Ramowym Planem Dnia (strona 116).

News dnia: Czy wiesz, że ajurweda to najstarszy na świecie system medyczny i filozoficzny?
Wywodzi się z Indii i ma ponad 5000 lat. Słowo „ajurweda" składa się z dwóch słów sanskryckich: „ayus" (życie) i „veda" (wiedza), więc w dosłownym tłumaczeniu oznacza wiedzę o życiu. W ajurwedzie wielki nacisk kładzie się na zapobieganie chorobom, w czym wielką rolę odgrywa jakość pożywienia, preparaty ziołowe, delikatne ćwiczenia jogi, medytacje i relaksacje oraz masaże. Słynne w ajurwedzie jest powiedzenie, że przyczyną wszystkich chorób jest obecność toksyn w organizmie. Proces leczenia w tym systemie medycznym zaczyna się od oczyszczenia ciała. Ajurweda traktuje człowieka holistycznie, lecząc, usuwa przyczyny choroby, a nie jej objawy. Zdrowy człowiek według ajurwedy to taki, którego ciało, umysł i dusza są w harmonii i równowadze.

Rada dnia: Nawilżająca maska do suchej skóry i włosów z awokado.
W ajurwedzie panuje zasada, która mówi, aby nie nakładać na twarz i ciało tego, czego nie dałoby się zjeść. Połówkę awokado możesz dziś wykorzystać do przygotowania rewelacyjnej, intensywnie nawilżającej maski do włosów, twarzy lub dłoni. Rozgnieć awokado, dodaj do niego łyżeczkę miodu i łyżeczkę oliwy. Tak przygotowaną papkę nałóż na wybrane partie ciała i zostaw na 20 minut. Włosy odzyskają jedwabistą miękkość i elastyczność, a skóra zregeneruje się, odzyska blask i zdrowy wygląd.

ODKRYCIE DNIA:

PRZEPIS DNIA:

POSTANOWIENIE DNIA:

Dzień II – faza eliminacyjna

MENU:

Na czczo: szklanka wody z cytryną
Śniadanie: surowa owsianka Piękna Helena
II śniadanie: 300 ml zielonego smoothie
Obiad: zupa krem z pomidorów, Miska Quinoa & Company
Podwieczorek: mus bananowo-gruszkowy z płatkami migdałowymi
Kolacja: warzywa na parze z jarmużowym pesto

ŚNIADANIE

SUROWA OWSIANKA PIĘKNA HELENA

4 łyżki wybranych płatków (owsiane, jaglane lub gryczane) namocz na noc lub pół godziny przed jedzeniem w 8 łyżkach wody z kilkoma migdałami lub orzechami. Rano dodaj łyżkę soku z cytryny, łyżkę miodu i łyżkę tahiny. Wymieszaj. Wkrój pół banana i pół jabłka lub użyj innych owoców sezonowych. Dodaj ziarna słonecznika i pestki dyni. Wymieszaj. Posyp łyżeczką zmielonego siemienia lnianego. Możesz dodać rodzynki, owoce goji, suszone żurawiny, daktyle, figi, wszystko, na co tylko masz ochotę.

II ŚNIADANIE

HAPPY DŻARMUSZ

Oczyszczający i poprawiający metabolizm. Zmiksuj ze sobą wszystkie składniki.

● 1 banan ● duża garść porwanego drobno jarmużu
● obrane ze skórki kiwi ● 1/2 awokado ● sok z 1/2 cytryny
● kawałek (1 cm) obranego świeżego imbiru ● 100 ml wody

OBIAD

ZUPA KREM Z POMIDORÓW

- 500 ml dobrego przecieru pomidorowego
- 2 ząbki czosnku
- łyżeczka miodu
- 1/4 opakowania suszonej bazylii
- 2 łyżki oliwy
- sól, pieprz

W garnku rozgrzej oliwę, przesmaż na niej posiekany czosnek, wlej przecier, zagotuj, dodaj 1/4 opakowania suszonej bazylii, łyżeczkę miodu, sól i pieprz do smaku.
I już!

MISKA QUINOA & COMPANY

● 4 czubate łyżki ugotowanej kaszy quinoa ● 1 średnia czerwona cebula ● 4 pieczarki ● 1/2 gruszki ● garść rukoli ● trochę dowolnych kiełków ● dowolne podprażone pestki np. słonecznika, dyni, siemienia lnianego

Krótko podsmaż na oliwie drobno pokrojoną cebulkę, potem pieczarki, dodaj quinoę i chwilę potrzymaj na ogniu. Na koniec wmieszaj rukolę i pół gruszki, udekoruj hojnie kiełkami i posyp pestkami.

PODWIECZOREK

MUS BANANOWO-GRUSZKOWY

● 1 banan ● 1 gruszka ● 1 łyżeczka soku z cytryny lub limonki ● cynamon ● płatki migdałowe

Banana oraz gruszkę pokrój i zmiksuj, dodaj odrobinę soku z cytryny lub limonki. Dodaj rozdrobnione płatki migdałowe. Posyp cynamonem. Banan dzięki swojej konsystencji nadaje musowi jedwabiste wykończenie.

Joga, oddech, medytacja: postępuj zgodnie z Ramowym Planem Dnia.

KOLACJA

WARZYWA NA PARZE Z JARMUŻOWYM PESTO

- kilka różyczek kalafiora
- kilka różyczek brokułu
- kilka baby marchewek lub pokrojona w słupki większa marchewka
- kawałek białej rzodkwi lub kalarepki
- mały ziemniak pokrojony w słupki

PESTO Z JARMUŻU

- 5 dag słonecznika
- garść jarmużu
- sól, pieprz, oliwa (do uzyskania odpowiedniej konsystencji)
- ząbek czosnku

Warzywa gotuj na parze przez około 20 minut. Czekając na warzywa, przygotuj pesto, miksując wszystkie jego składniki. Zamiast jarmużu możesz użyć bazylii lub natki. Gotowe warzywa polej pesto.

PRODUKT DNIA

PRZECIER POMIDOROWY

Przecier możesz przygotować latem lub jesienią, wtedy gdy pomidory są dojrzałe, pachnące i tanie! Z 2 kg pomidorów wychodzi około litra przecieru. Ja robię przecier tak: pomidory myję, kroję na ćwiartki, obieram ze skórki, wrzucam do garnka i gotuję, aż się rozpadną. Czekam, aż pomidory przestygną, miksuję je i jeszcze raz podgrzewam. Jeśli przecier jest za rzadki, to gotuję go tak długo, aż zgęstnieje. Następnie przelewam gorący do wymytych i wyparzonych słoików, dokładnie zakręcam i stawiam do góry dnem aż do wystygnięcia. Taki domowy przecier jest nie do przebicia. Jesienią i zimą tylko doprawiam go w ulubiony sposób i jem pachnącą latem boską pomidorową.

Zrób to sama

News dnia: Czy słyszałaś o parszywej dwunastce owoców i warzyw? To najbardziej skażone pestycydami produkty, które zdecydowanie lepiej jest kupować z upraw ekologicznych niż przemysłowych. Na czarną listę trafiają werdyktem amerykańskiej organizacji Environmental Working Group (EWG), która przed wydaniem wyroku testuje aż 28 000 warzyw i owoców.
Owoce i warzywa najbardziej skażone pestycydami: jabłka, truskawki, winogrona, seler naciowy, brzoskwinie, szpinak, słodka papryka, nektarynki, ogórki, ziemniaki, pomidorki wiśniowe, ostra papryka. Poza listą, ale także z wysoką zawartością chemii, znalazły się sałata i jarmuż, a także cukinia.
Owoce i warzywa najmniej skażone pestycydami: awokado, ananas, kapusta, kukurydza, mrożony groszek, cebula, papaja, mango, bakłażan, kiwi, kalafior. Nieco dalej plasują się: melon, słodkie ziemniaki i grzyby.

Rada dnia: Na pomysłowość i koncentrację pomoże... ziewanie Twój mózg zużywa 80 proc. wdychanego wraz z powietrzem tlenu. W książce „Techniki oddychania" Markus Schirner opisuje metodę, która błyskawicznie podwyższa poziom energii i wydolność umysłową. Najpierw zrób kilka głębokich oddechów. Otwórz usta tak szeroko, jak potrafisz. Rozluźnij dolną szczękę. Odchyl głowę do tyłu i wysuń podbródek do przodu. Wykonuj głębokie, podobne do ziewania wdechy i wydechy, aż poczujesz, że całe Twoje ciało przejęło ten rytm. Kilka razy ziewnij głęboko i przeciągnij ramiona, dłonie, tułów oraz całą górną część ciała.

ODKRYCIE DNIA:

PRZEPIS DNIA:

POSTANOWIENIE DNIA:

Dzień III – faza eliminacyjna

MENU:

Na czczo: szklanka wody z cytryną
Śniadanie: surowa owsianka Piękna Helena
II śniadanie: 300 ml zielonego smoothie
Obiad: krupniczek jaglany, Miska Pełna Fasolki
Podwieczorek: kakao z mlekiem kokosowym
Kolacja: pieczona cukinia z pomidorami na liściach sałaty z posypką sezamową

ŚNIADANIE

SUROWA OWSIANKA PIĘKNA HELENA

4 łyżki wybranych płatków (owsiane, jaglane lub gryczane) namocz na noc lub pół godziny przed jedzeniem w 8 łyżkach wody z kilkoma migdałami lub orzechami. Rano dodaj łyżkę soku z cytryny, łyżkę miodu i łyżkę tahiny. Wymieszaj. Wkrój pół banana i pół jabłka lub użyj innych owoców sezonowych. Dodaj ziarna słonecznika i pestki dyni. Wymieszaj. Posyp łyżeczką zmielonego siemienia lnianego. Możesz dodać rodzynki, owoce goji, suszone żurawiny, daktyle lub figi.

II ŚNIADANIE

HAPPY PORANNE NAWILŻENIE

- 4 plastry arbuza
- 4 małe ogórki
- 1/2 banana
- garść jarmużu
- 100 ml wody

Zmiksuj wszystkie składniki.

OBIAD

KRUPNICZEK JAGLANY

● 1 marchewka ● 1 pietruszka ● 1 ziemniak ● 2 ząbki czosnku ● pół szklanki kaszy jaglanej ● 750 ml wody ● sól ● pieprz ● majeranek ● zioła prowansalskie ● kilka ziarenek pieprzu ● kilka ziarenek ziela angielskiego ● liść laurowy

Kaszę jaglaną dobrze wypłucz. W garnku o grubym dnie przesmaż na sucho czosnek pokrojony na ćwiartki, pokrojone marchewkę, pietruszkę i ziemniaka. Dodaj przyprawy i zamieszaj. Dodaj kaszę. Dolej gorącej wody i gotuj całość do miękkości składników. Posól, popieprz do smaku. Podawaj z natką.

MISKA PEŁNA FASOLKI

● 4 łyżki ugotowanej fasolki adzuki ● 1 pomidor ● 1/2 pęczka natki ● 1/4 czerwonej cebuli ● winegret limonkowo-miodowy

Pomidor pokrój w kostkę, cebulę i natkę drobno posiekaj. Warzywa połącz z fasolką, wymieszaj z winegretem limonkowo-miodowym.

WINEGRET LIMONKOWO-MIODOWY

● sok z 1/2 limonki ● 4 łyżki oliwy ● łyżeczka miodu ● ząbek czosnku ● sól ● pieprz

Sok z limonki połącz z solą i pieprzem, dodaj wyciśnięty czosnek i miód, na końcu oliwę. Całość wymieszaj.

PODWIECZOREK

KAKAO Z MLEKIEM KOKOSOWYM

- 1 czubata łyżka kakao
- 4 łyżki mleka kokosowego
- świeżo starta skórka pomarańczowa, plasterek imbiru, kilka ziarenek kardamonu
- 200 ml wody

Łyżkę kakao dobrze wymieszaj z 4 łyżkami mleczka kokosowego, tak aby powstała gładka, gęsta masa. Równolegle zagotuj w rondelku 200 ml wody z odrobiną skórki pomarańczowej, plasterkiem świeżego imbiru i kardamonem. Dodaj wodę do kakao, ponownie dobrze zamieszaj i ponownie wlej całość do rondelka i doprowadź do wrzenia. Możesz dosłodzić miodem, stewią lub ksylitolem.

KOLACJA

PIECZONA CUKINIA Z POMIDORKAMI NA LIŚCIACH SAŁATY

● 1 mała cukinia ● kilka pomidorków cherry ● oliwa ● sól, pieprz ● czosnek ● świeży rozmaryn ● podprażone na suchej patelni ziarna sezamu ● sałata

Piekarnik nagrzej do 220 stopni. W miseczce połącz oliwę z solą, czosnkiem i świeżym rozmarynem. Cukinię umyj i pokrój wzdłuż obieraczką do warzyw w cienkie plastry. Każdy plaster posmaruj z dwóch stron oliwną marynatą. Ułóż cukinię na blasze i piecz przez 20 minut. Na ostatnie 5 minut włóż do piekarnika pomidorki i przełącz funkcję pieczenia na grill lub ruszt (chodzi o to, żeby cukinia się ładnie przyrumieniła). Możesz też usmażyć cukinię na patelni grillowej. Sałatę umyj i ułóż na talerzu. Na sałatę wyłóż upieczoną cukinię, pomidorki i posyp podprażonymi na suchej patelni ziarnami sezamu.

PRODUKT DNIA

FASOLKA ADZUKI

Drobna, purpurowa fasolka adzuki, dobrze znana w Japonii, jest najbardziej lekkostrawną rośliną strączkową. Wchłania nadmiar tłuszczu z przewodu pokarmowego, redukuje gazy, zmniejsza opuchliznę i obrzęki w organizmie. Zawiera dużo białka i komplet aminokwasów. Jest bogata w żelazo i wapń. Ma silne właściwości detoksykacyjne. Przed gotowaniem należy ja namoczyć (około 12 godzin), dzięki temu zabiegowi łatwiej będzie ją strawić oraz szybciej się ugotuje. Gotować należy ją na małym, stabilnym ogniu (żeby się nie rozpadła) około 45 minut.

News dnia: Najszczęśliwszy człowiek świata to Matthieu Ricard, francuski naukowiec, z wykształcenia biochemik molekularny, związany onegdaj z prestiżowym paryskim Instytutem Pasteura, a od wielu lat mnich buddyjski. Intelektualista, który wybrał nepalskie obywatelstwo i pustelnię. Mieszka w Himalajach na 6 metrach kwadratowych. Media obwołały go najszczęśliwszym człowiekiem świata, gdy ogłoszono wyniki badań przeprowadzonych przez amerykański Uniwersytet Wisconsin. Ricard, podobnie jak setki innych osób biorących udział w badaniu, był podłączony do 256 elektrod, które badały aktywność mózgu. Okazało się, że aktywność lewej półkuli mózgu, odpowiedzialnej za pozytywne emocje i doświadczenia emocjonalne (co przekłada się na wyższy poziom satysfakcji z życia, polepszenie samopoczucia i zmniejszenie napięcia) była u buddyjskiego mnicha najwyższa.
I to nie tylko w grupie badanych w tym konkretnym eksperymencie, lecz u wszystkich, którzy kiedykolwiek byli poddani badaniu EEG. Dalsze badania na grupie osób medytujących, w tym mnichów, wykazały jednoznacznie, że medytacja zwiększa aktywność lewej półkuli u wszystkich, którzy regularnie się jej oddają. Wniosek? Kto medytuje, ten jest happy!

Rada dnia: Jeśli jeszcze nie włączyłaś medytacji do swojego planu dnia, zrób to dziś. Wybitny nauczyciel medytacji Sakyong Mipham Rinpocze porównał medytację do przebywania w pustym pokoju w domu pełnym ludzi – tak bardzo odpręża, regeneruje i uspokaja. Już 5, a najlepiej 20 minut dziennie, przynosi ogromne korzyści dla ciała, ducha i umysłu. Wskazówki do medytacji znajdziesz w rozdziale VII (strona 106).

ODKRYCIE DNIA:

Joga, oddech, medytacja: postępuj zgodnie z Ramowym Planem Dnia.

PRZEPIS DNIA:

POSTANOWIENIE DNIA:

Dzień IV – faza alkalizująca

MENU:

Na czczo: szklanka wody z cytryną

Śniadanie: surowa owsianka Piękna Helena

II śniadanie: 300 ml zielonego smoothie

Obiad: zupa krem z cukinii,

Miska Jaglana Koperkowo-Miętowa

Podwieczorek: jabłko sezamowe

Kolacja: jarmuż Orient Express z makaronem ryżowym

ŚNIADANIE

SUROWA OWSIANKA PIĘKNA HELENA

4 łyżki wybranych płatków (owsiane, jaglane lub gryczane) namocz na noc lub pół godziny przed jedzeniem w 8 łyżkach wody z kilkoma migdałami lub orzechami. Rano dodaj łyżkę soku z cytryny, łyżkę miodu i łyżkę tahiny. Wymieszaj. Wkrój pół banana i pół jabłka lub użyj innych owoców sezonowych. Dodaj ziarna słonecznika i pestki dyni. Wymieszaj. Posyp łyżeczką zmielonego siemienia. Możesz dodać rodzynki, owoce goji, suszone żurawiny, daktyle, figi.

II ŚNIADANIE

HAPPY MEGA OMEGA

- 1 awokado
- 4 liście sałaty
- 2 małe ogórki
- 100 ml wody
- 1 gruszka
- 1/2 banana

OBIAD

DELIKATNA ZUPA KREM Z CUKINII

- 2 średnie cukinie
- 1 spory ząbek czosnku
- kawałek imbiru – 2 cm
- 500 ml bulionu warzywnego lub wody
- mała puszka mleczka kokosowego (165 ml)
- 2 łyżki oleju kokosowego
- sól, pieprz
- wiórki kokosowe (ewentualnie)

Cukinię umyj i pokrój w plasterki. Na oleju koksowym przesmaż imbir i czosnek (około 3 minut, uważaj, żeby nie przypalić), potem cukinię (5 minut). Całość zalej bulionem lub wodą, tak by tylko zakryć cukinię, i gotuj do miękkości (około 20 minut). Po ugotowaniu lekko przestudź, zmiksuj i dopraw delikatnie solą, pieprzem i mleczkiem kokosowym. Posyp wiórkami kokosowymi delikatnie zrumienionymi na suchej patelni.

MISKA JAGLANA KOPERKOWO-MIĘTOWA

- 4 łyżki ugotowanej kaszy jaglanej
- pół pęczka koperku
- 20 listków mięty
- 1/4 ogórka wężowego
- 1/2 awokado
- winegret limonkowo-miodowy

Ogórek i awokado pokrój w drobną kostkę. Koperek i miętę drobno posiekaj. Warzywa połącz z kaszą jaglaną i wymieszaj z winegretem.

WINEGRET LIMONKOWO-MIODOWY

● sok z 1/2 limonki ● 4 łyżki oliwy ● łyżeczka miodu
● ząbek czosnku ● sól ● pieprz

Sok z limonki połącz z solą i pieprzem, dodaj wyciśnięty czosnek i miód, na końcu oliwę. Całość wymieszaj.

PODWIECZOREK
JABŁKO SEZAMOWE

- jabłko
- 2 łyżki jasnego lub czarnego sezamu

Jabłko pokrój w plasterki i obtocz je w sezamie.

KOLACJA
JARMUŻ ORIENT EXPRESS Z MAKARONEM RYŻOWYM

● 1/2 opakowania lub pęczka jarmużu ● 1 łyżka oleju kokosowego ● kilka orzechów nerkowca ● kilka rodzynek ● 3 łyżki sosu sojowego ● łyżeczka miodu ● sól, pieprz ● papryka chilli ● małe opakowanie makaronu ryżowego

Makaron przygotuj według opisu na opakowaniu – zwykle moczy się go przez 5 minut we wrzącej wodzie i jest gotowy do zjedzenia. Z liści jarmużu usuń nerw główny i porwij je na małe kawałki. Na patelni rozgrzej olej kokosowy i podpraż na nim orzeszki nerkowca, dodaj jarmuż i smaż przez około 4 minuty, aż skurczy się i zmięknie. Wsyp rodzynki. Wymieszaj sos sojowy z solą, pieprzem, chilli i miodem. Do jarmużu dodaj makaron oraz sos sojowy i wymieszaj składniki.

Joga, oddech, medytacja: postępuj zgodnie z Ramowym Planem Dnia.

PRODUKT DNIA
JARMUŻ

Jarmuż jest kultowym warzywem zwolenników zdrowej diety, wielbionym na całym świecie przez wegetarian i wegan ze względu na bogactwo witamin i składników odżywczych oraz nieprawdopodobne walory prozdrowotne, odkwaszające i regenerujące organizm. Entuzjaści jarmużu jednym tchem wyliczają zalety tego warzywa: taka sama zawartość wapnia co w mleku (tak!), mnóstwo witaminy K, witaminy A, witaminy C, karetonoidów (beta-karotenu, luteiny, zeaksantyny), bogate źródło żelaza i sulforafanu, związku o działaniu przeciwnowotworowym, właściwości przeciwzapalne, wysoka zawartość silnych przeciwutleniaczy, które odmładzają organizm. Trzeba przyznać, że to robi wrażenie. Jarmużu po prostu nie może zabraknąć w Twojej diecie!

News dnia: Czy wiesz, że możesz pobrać z sieci darmową aplikację do tropienia E-dodatków w żywności? Wyobraź sobie, że jesteś w sklepie, przed Tobą półka z czekoladą, kilkanaście różnych do wyboru, a Ty wyjmujesz smartfon i – jak Bond swoim najnowszym gadżetem – skanujesz po kolei kody, a składy produktów wyświetlają Ci się jeden po drugim, sypiąc szemranych E-koleżków. Niezłe, co? Tak właśnie działają aplikacje do tropienia chemii w żywności. Zatem już dziś uzbrojona w telefon rozpocznij prywatne śledztwo, by wybierać świadomie i żyć zdrowo.

E-dodatki to wszelkiego rodzaju barwniki, środki słodzące, nabłyszczające, spulchniające, wzmacniacze smaku, zagęszczacze i konserwanty, które poprawiają lub zastępują naturalny smak, kolor czy zapach jedzenia i sztucznie przedłużają jego trwałość. E-dodatki są praktycznie wszędzie, a niektóre z nich wywołują alergie, wysypki, egzemy, nadciśnienie, bóle głowy i problemy układu pokarmowego oraz podwyższają poziom cholesterolu. Te najgroźniejsze mogą być nawet rakotwórcze.

Rada dnia: Halo, oddech!

Czy kiedykolwiek przyszło Ci do głowy, by użyć telefonu jako pretekstu do ćwiczenia oddechu? Od dziś za każdym razem, gdy zadzwoni, zanim go odbierzesz, zrób trzy głębokie oddechy. Podczas głębokiego oddechu pobierasz sześć do dziesięciu razy więcej tlenu niż przy oddechu płytkim. Dzięki temu dzwonek telefonu, zamiast Cię irytować i stresować, stanie się dla Ciebie pretekstem do rozluźnienia i dotlenienia. Spróbuj tego sposobu choćby przez jeden dzień, a zobaczysz, jak bardzo na korzyść zmieni się Twoje samopoczucie. Możesz też nakleić sobie na komputer karteczkę z napisem ODDYCHAJ. Z czasem głębokie oddychanie stanie się Twoim nawykiem. Uspokoisz serce, oczyścisz płuca, odzyskasz równowagę i pozbędziesz się stresu.

ODKRYCIE DNIA:

PRZEPIS DNIA:

POSTANOWIENIE DNIA:

Dzień V – monodieta

MENU:

Na czczo – szklanka wody z cytryną
8.00 – wywar warzywny
10.00 – wywar warzywny
12.00 – wywar warzywny
14.00 – wywar warzywny
16.00 – wywar warzywny
18.00 – wywar warzywny

WYWAR WARZYWNY

- 3 l wody
- 2 pęczki dobrej włoszczyzny (z uprawy ekologicznej): 2 pory, 1 seler, 6 marchewek, 6 pietruszek
- 2 cebule

Warzywa pokrój na spore kawałki. Całą cebulę zrumień na patelni razem z łupinką. Wrzuć ją do rozgrzanego garnka razem z włoszczyzną i poduś na sucho przez kilka minut, mieszając warzywa. Zalej wrzącą wodą. Dodaj kilka liści laurowych, kilka ziarenek pieprzu i kilka ziarenek ziela angielskiego. Gotuj całość na małym ogniu do miękkości. Dziesięć minut przed zakończeniem gotowania możesz dorzucić zielone liście selera i natki, które dodadzą wywarowi pięknego koloru i aromatu.

PRODUKT DNIA

WYWAR WARZYWNY

Dzień płynny na wywarze warzywnym połączony z relaksacją i odpoczynkiem to prawdziwy prezent dla organizmu, który – niezajęty trawieniem pokarmów – poświęca energię na procesy oczyszczające i naprawcze. Wywar warzywny spożywany co dwie godziny w sześciu porcjach po 300 ml nawodni i rozgrzeje organizm, dostarczy komórkom i tkankom potasu, magnezu i wapnia, wyrównując poziom elektrolitów i przywracając korzystne, zasadowe pH. Wywar warzywny jest bardzo smaczny, ma cudowny bukiet aromatu i smaku. Prawdopodobnie uznasz, że dzień na takim rosołku to wcale nie aż tak wielkie wyrzeczenie, a raczej prawdziwa ulga i odpoczynek dla organizmu, a dla Ciebie również urlop od gotowania. Warto rozważyć przeprowadzenie takiego płynnego dnia regularnie raz w tygodniu lub raz w miesiącu. Ja robię sobie taki dzień co dwa tygodnie lub zawsze wtedy, gdy dietetycznie zaczynam sobie pobłażać, przy czym latem zwykle piję zamiast wywaru soki owocowo-warzywne, a wieczorem jem już lekką kolację. Dzień płynny mobilizuje mnie do dbania o siebie i pomaga mi wrócić do dobrych codziennych nawyków. Lubię też to uczucie jasności i lekkości, które pojawia się tuż po przeprowadzeniu takiego postu.

Jeśli będziesz bardzo głodna, możesz na lunch lub kolację zjeść porcję warzyw z wywaru skropioną cytryną i oliwą.

Rada dnia: Mniej znaczy więcej.
Dzisiejszy dzień to dobry moment, by pomyśleć o tym, czego w Twoim życiu jest za dużo. Przejrzyj szafy i szafki i pozbądź się tego, co zajmuje przestrzeń zarówno fizyczną, jak i emocjonalną. Wynieś z domu sterty niepotrzebnych czasopism, wrzuć do kontenerów PCK stosy dawno już nieużywanych ubrań, pozbądź się „przydasiów". Usunięcie nadmiaru stwarza przestrzeń, odblokowuje energię, wprowadza do życia lekkość i światło. Rezygnując z rzeczy, odzyskasz wolność, czas oraz siebie.

8 zasad dla tych, którzy wolą mieć mniej niż więcej

1. Pamiętaj: Twoje rzeczy to nie Ty. Nie pozwól, aby Tobą zawładnęły.
2. Ogranicz się do posiadania przedmiotów w jednym egzemplarzu.
3. Za każdą nową rzecz, którą kupisz, pozbądź się dwóch starych.
4. Zastąp ilość jakością. Zamiast kilku tandetnych podróbek zainwestuj w oryginał.
5. To, czego nie potrzebujesz, oddaj innym.
6. Zamiast poświęcać czas na dbanie o przedmioty, zadbaj o siebie i bliskich.
7. Pieniądze zaoszczędzone na kupieniu kolejnej pary butów lub nowszego modelu dowolnej rzeczy zainwestuj w pasję albo podróż.
8. Ogranicz swoje potrzeby i uprość styl życia. Umiar jest mądrością, a prostota luksusem.

News dnia: Dowiedziono, że osoby, które udzielają się charytatywnie lub po prostu pomagają i troszczą się o innych, mają większą satysfakcję z życia, mniejszą podatność na depresję, wyższą odporność organizmu, a także dłużej żyją.
Co ciekawe, osoby, które wspierają innych finansowo i dzielą się tym, co mają, doznają w chwili przekazywania datku swoistej euforii porównywanej z narkotykowym hajem. Jest to związane z tym, że w momencie dawania w mózgu uruchamia się ośrodek stymulujący wydzielanie dopaminy, odpowiedzialnej za przyjemne doznania.

ODKRYCIE DNIA:

Joga, oddech, medytacja: postępuj zgodnie z Ramowym Planem Dnia.

PRZEPIS DNIA:

POSTANOWIENIE DNI:

Dzień VI – faza alkalizująca

MENU:

Śniadanie: 500 ml zielonego smoothie
II śniadanie: 2 plastry świeżego ananasa z pieprzem cayenne
Obiad: zupa ryżowo-porowa z suszoną śliwką,
Miska Gruszkowa Przyjemność
Podwieczorek: mus czekoladowy z awokado
Kolacja: 2 pieczone jabłka i Surówka Piękności

ŚNIADANIE

ZIELONE SMOOTHIE DAKTYLOWA POKUSA

- 1 pęczek natki
- 1 banan
- 1 jabłko
- 2 świeże daktyle
- sok z 1 cytryny
- 100 ml wody

II ŚNIADANIE

ŚWIEŻY ANANAS Z PIEPRZEM CAYENNE

- pół małego świeżego ananasa
- pieprz cayenne

Ananas przekrój na pół, obierz ze skórki, pokrój w plastry i oprósz pieprzem cayenne.

OBIAD

RYŻANKA Z POREM I SUSZONĄ ŚLIWKĄ

- 600 ml wywaru warzywnego lub wody
- 200 g porów przekrojonych wzdłuż, jeszcze raz wzdłuż i dalej w kwadraciki o boku około 2,5 cm
- 4 śliwki bez pestek podzielone na pół
- 70 g ugotowanego białego ryżu basmati
- oliwa
- sól, pieprz

Rozgrzej oliwę i przesmaż na niej pory, mieszając, żeby się nie przypaliły, przez około 8 minut. Dodaj je do bulionu, posól i popieprz. Doprowadź do wrzenia i gotuj na małym ogniu około 45 minut. Dodaj śliwki i ryż. Gotuj jeszcze 20 minut. Przed podaniem dopraw gomasio i posyp natką.

MISKA GRUSZKOWA PRZYJEMNOŚĆ

- kilka liści sałaty lodowej lub rzymskiej
- 1/4 kalarepki lub białej rzodkwi
- 1/2 gruszki
- 1/4 ogórka węża
- 10 namoczonych orzechów włoskich
- winegret balsamico

Liście sałaty umyj i porwij na mniejsze kawałki. Gruszkę i wszystkie warzywa pokrój na cienkie plasterki. Ułóż na sałacie, dodaj orzechy i wymieszaj z winegretem.

WINEGRET BALSAMICO DO ZIELONYCH SAŁAT

● 1 łyżka balsamico ● 3 łyżki oliwy ● 1 mały ząbek czosnku ● 1/2 łyżeczki soli ● 1/4 łyżeczki pieprzu

Wszystkie składniki wymieszaj.

PODWIECZOREK

MUS CZEKOLADOWY Z AWOKADO

- 1 małe miękkie awokado lub pół dużego
- 1 mały dojrzały banan
- 2 czubate łyżeczki kakao

Awokado i banana obierz ze skórki, rozdrobnij, dodaj kakao i zmiksuj na aksamitny krem. Podawaj w pucharku posypany wiórkami kokosowymi lub płatkami migdałowymi.

KOLACJA
PIECZONE JABŁKA Z SURÓWKĄ PIĘKNOŚCI

● 2 jabłka ● cynamon ● 2 średnie marchewki ● kilka namoczonych migdałów ● zmielone siemię lniane ● jagody goji lub rodzynki ● winegret tahinowy

PIECZENIE JABŁEK

Piekarnik nagrzej do temperatury 220 stopni. Jabłka przekrój na pół i piecz przez około 30–40 minut, aż będą miękkie. Po upieczeniu posyp cynamonem.

SURÓWKA PIĘKNOŚCI

Marchewkę zetrzyj na tarce o grubych oczkach, dodaj namoczone migdały, zmielone siemię lniane, jagody goji
lub rodzynki i wymieszaj z winegretem tahinowym.

WINEGRET TAHINOWY

● 1 łyżka tahini ● sok z 1/2 cytryny ● 1/4 łyżeczki soli
● 2 łyżki oliwy ● 1/2 łyżki posiekanego świeżego imbiru
Wszystkie składniki wymieszaj.

PRODUKT DNIA
MARCHEWKOWA SURÓWKA PIĘKNOŚCI

Surówka Piękności powstała, gdy pewnego letniego dnia mój Tata podarował mi 5 kg osobiście wyhodowanej ekomarchewki. Wzięłam jedną sporą sztukę i starłam ją na tarce o grubych oczkach, dodałam odrobinę miodu, łyżeczkę oleju z orzechów laskowych, trochę zmielonego siemienia lnianego, kilka namoczonych pestek dyni i migdałów, owoce goji, a następnie skropiłam całość octem balsamicznym z dzikiej maliny. To było pyszne! Jadłam tę surówkę potem przez jakiś czas codziennie. Polecam. To świetny pomysł na sycącą, niskokaloryczną przekąskę lub lekką kolację. Dobry sposób na jednodniowe oczyszczanie lub letnie surowe śniadanie. Surówka zawiera mnóstwo enzymów, składników odżywczych, przeciwutleniaczy i fitoestrogenów. Marchewka w 90 proc. składa się z wody, a tym samym znakomicie nawadnia organizm. Poza tym jest bogactwem witamin i minerałów, w tym najsilniejszych przeciwutleniaczy, czyli witamin A, E i C, a także witamin z grupy B oraz odkwaszających pierwiastków, takich jak potas, sód, wapń i magnez. Wzmacnia układ immunologiczny, oczyszcza organizm z toksyn, poprawia metabolizm, dobrze wpływa na wzrok, poprawia jakość i koloryt skóry.

News dnia: Czy wiesz, że pestycydy to z definicji trujące środki chemiczne?
Zostały stworzone, by zabijać żyjące organizmy: owady i insekty, grzyby i rośliny. Spożycie pestycydów wiązane jest z rozwojem zmian nowotworowych, rozregulowaniem gospodarki hormonalnej, wysypkami skórnymi, infekcjami dróg oddechowych, zaburzeniami w układzie nerwowym. W 2012 roku Amerykańskie Stowarzyszenie Pediatrów (American Academy of Pediatrics) po raz pierwszy zajęło oficjalnie stanowisko w sprawie pestycydów, ostrzegając lekarzy i rodziców, że pestycydy w diecie są potencjalnie niebezpieczne dla dzieci.

Rada dnia: Jeśli tylko możesz, kupuj warzywa i owoce z upraw ekologicznych.
O ekowarzywa i owoce pytaj na targach, w sklepach ekologicznych, również tych w sieci, znajdź lokalnych producentów. Wesprzesz w ten sposób tego typu uprawy i wytworzysz na nie popyt. Noś ze sobą listę 12 najbardziej toksycznych warzyw i owoców (strona 141) i jeśli nie możesz kupić ich w wersji eko, zastępuj je tymi, których nie ma na liście, lub bardzo dokładnie myj je przed spożyciem w letniej wodzie z dodatkiem octu jabłkowego albo specjalnego preparatu do usuwania środków chemicznych. Z warzyw liściastych koniecznie usuwaj górne liście. Możesz też obierać owoce i warzywa ze skórki, ale wtedy utracisz wiele cennych witamin i minerałów.

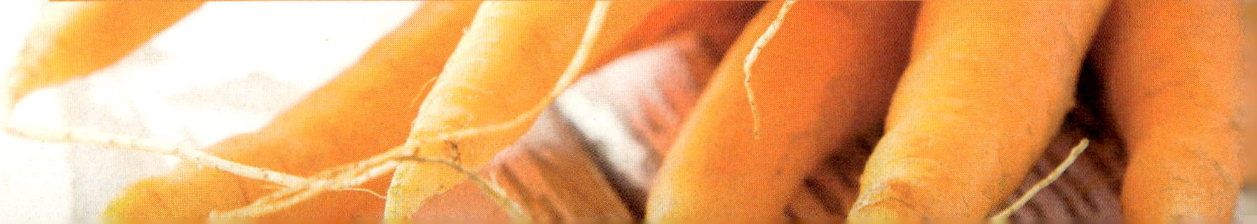

Joga, oddech, medytacja: postępuj zgodnie z Ramowym Planem Dnia.

ODKRYCIE DNIA:

PRZEPIS DNIA:

POSTANOWIENIE DNI:

Dzień VII – faza alkalizująca

MENU:

Na czczo: szklanka wody z cytryną
Śniadanie: 500 ml zielonego smoothie
II śniadanie: mus z mango i kaszy jaglanej
Obiad: zupa krem z porów, Miska Mocy
Podwieczorek: sok świeżo wyciskany z grejpfruta
Kolacja: cukinia duszona z jabłkiem i ryżem

ŚNIADANIE

HAPPY PORANNY PRZEBŁYSK

- duża garść szpinaku
- 1 banan
- 1/2 awokado
- sok z 1 pomarańczy
- 100 ml wody

Zmiksuj składniki na smoothie.

II ŚNIADANIE

BUDYŃ Z MANGO I KASZY JAGLANEJ

- 4 łyżki ugotowanej kaszy jaglanej
- 1/2 dojrzałego mango
- 3 łyżki soku z pomarańczy

Mango obierz ze skórki, pokrój na mniejsze kawałki, dodaj kaszę i sok z pomarańczy. Całość zmiksuj. Zamiast soku z pomarańczy możesz użyć soku z limonki. Uzyskasz bajeczny, odświeżający krem o konsystencji budyniu.

Uwielbiam!

OBIAD

ZUPA KREM Z PORÓW

● 1 duży por ● 1 duży ziemniak ● łyżka oliwy
● gałka muszkatołowa ● natka ● sól, pieprz

W garnku rozgrzej oliwę. Z pora odetnij liście i pokrój go w plasterki. Ziemniak obierz ze skórki i pokrój w kawałki. Zalej pół litrem gorącej wody. Przypraw wedle uznania pieprzem i solą. Gotuj przez 20 minut. Dodaj startą gałkę muszkatołową. Zmiksuj na krem. Posyp świeżą natką.

MISKA SURÓWKA MOCY

- 1 burak
- 10 orzechów nerkowca
- 1/2 pęczka kolendry
- winegret pomarańczowy

Burak zetrzyj na tarce o dużych oczkach, dodaj orzechy i kolendrę. Polej sosem pomarańczowym.

WINEGRET POMARAŃCZOWY

● sok i miąższ z 1 pomarańczy ● sok z 1/2 cytryny
● 1 łyżeczka soli morskiej ● 4 łyżki oliwy
● 1 łyżka świeżego imbiru ● ewentualnie miód

Wszystkie składniki wymieszaj.

PODWIECZOREK

sok świeżo wyciskany z grejpfruta

KOLACJA

CUKINIA Z JABŁKIEM I RYŻ DAKTYLOWY

● 1 cukinia ● 1 jabłko ● 1 mała czerwona cebula ● 1 pomidor
● pół pęczka natki ● łyżka oliwy ● sól, pieprz

Cukinię pokrój w plasterki, a jabłko, cebulę, obrany ze skórki pomidor – w kostkę, natkę posiekaj. Rozgrzej oliwę i zeszklij na niej cebulę. Dodaj jabłka i dobrze wymieszaj. Dodaj pomidory i cukinię. Wymieszaj i dodaj natkę. Przypraw solą i pieprzem. Duś na małym ogniu jeszcze przez 10 minut, aż cukinia będzie miękka.

RYŻ DAKTYLOWY

● 10 dag ryżu ● 3 daktyle suszone ● przyprawa curry

Ryż ugotuj. Daktyle namocz w wodzie – około 15 minut. Pokrój daktyle na małe kawałki, połącz z ugotowanym ryżem, dodaj przyprawę curry.

PRODUKT DNIA

BURACZANA SURÓWKA MOCY

Nie znosiłam buraków aż do czasu, gdy Elizabeth, nauczycielka gotowania według zasad ajurwedy, poczęstowała mnie surówką ze startych buraków w sosie pomarańczowym z listkami kolendry i orzeszkami nerkowca, którą w tej książce nazwałam Miską Mocy. To była surówka tak wspaniała, że już na zawsze odmieniła moją relację z burakiem. Do tej pory nie tykam wprawdzie buraczków zasmażanych, ale za to surowe jem w każdej postaci. Burak jest super – ma właściwości silnie odtruwające i odkwaszające organizm, oczyszcza krew i usuwa z organizmu kwas moczowy, działa wspomagająco i regulująco na pracę wątroby, pomaga na anemię, ma działanie odmładzające. Kilka lat temu odkryto także, że sok z buraka ma właściwości energetyzujące i zwiększa wytrzymałość oraz wydolność organizmu, działając jak naturalny środek dopingujący.

News dnia: Czy wiesz, że po tym, jaka jest twoja postawa, można określić, w jakiej jesteś formie?

Nie bez powodu mówimy, że kłopoty nas przygniatają, nosimy cały świat na swoich barkach albo że kulimy się ze strachu lub też odwrotnie, otwieramy się na nowe bądź trzymamy pion. Nasza postawa często nieświadomie odzwierciedla stan naszego umysłu: to naczynia połączone – jedno wpływa na drugie. Gdy pracujemy z ciałem i jego świadomością, zaczynamy transformować wzorce mentalne i przekonania na temat samych siebie oraz tego, co na zewnątrz. Prawidłowa sylwetka zmienia podejście do życia – wyprostowana postawa, godnie otwarta klatka piersiowa, długi, spokojny oddech, głowa niezwieszona z rezygnacją, tylko trzymana dumnie na wyciągniętej szyi – tak się nosi człowiek zrównoważony, pewny siebie i zrelaksowany.

Rada dnia: Postawa to podstawa!
Pozycją jogi, która genialnie koryguje niewłaściwą sylwetkę, jest tadasana, czyli pozycja góry, która wzmacnia mięśnie pleców, wyciąga kręgosłup, niweluje zapadniętą klatkę piersiową i zgarbione plecy.

Tadasana

1. Złącz stopy i zwróć uwagę, by rozłożyć na nich równomiernie cały ciężar ciała. Uważaj, żeby nie przenosić go na pięty.
2. Ściągnij delikatnie kość ogonową w kierunku podłogi, lekko przesuwając miednicę do przodu.
3. Wciągnij brzuch, lekko ściągnij łopatki.
4. Pozwól, aby ramiona bez napięcia opadły wzdłuż ciała, palce środkowe dłoni powinny być w linii ze środkiem ud.
5. Wyciągnij kręgosłup do góry i delikatnie skieruj podbródek do klatki piersiowej, tak by czubek głowy skierowany był w stronę sufitu. Możesz sobie wyobrazić, że ktoś pociąga delikatnie za żyłkę przyczepioną do czubka Twojej głowy i wyciąga całą Twoją sylwetkę do góry.
6. Ważne jest, aby się w tym ustawieniu rozluźnić. Unikaj nienaturalnego wyprostu i nie zatrzymuj oddechu.

Na początek możesz stawać przy ścianie, by lepiej zrozumieć prawidłowe ustawienie ciała. Wtedy upewnij się, że tył głowy, łopatki, kość ogonowa, pośladki, łydki i pięty dotykają ściany. Na co dzień, aby utrzymywać prawidłową postawę, możesz obserwować swoją sylwetkę w mijanych wystawach sklepowych i świadomie ją korygować. Bardzo pomaga też wyrobienie sobie nawyku ściągania łopatek – to automatycznie prostuje. A najlepiej po prostu regularnie ćwiczyć jogę. Gwarantuję, że już po kilku zajęciach Twoja sylwetka się poprawi.

Postawa to podstawa!

ODKRYCIE DNIA:

Joga, oddech, medytacja: postępuj zgodnie z Ramowym Planem Dnia.

PRZEPIS DNIA:

POSTANOWIENIE DNI:

Dzień VIII – faza wyjścia

MENU:

Na czczo: szklanka wody z cytryną
Śniadanie: jaglanka
II śniadanie: kakao
Obiad: błyskawiczny chłodnik ogórkowy, Miska Cieciorka i Szpinak
Podwieczorek: kulki energii
Kolacja: quinoa po arabsku

ŚNIADANIE

HAPPY JAGLANKA

● 4 łyżki kaszy jaglanej ● szklanka wody ● 1/2 pokrojonego w drobną kostkę jabłka ● sól ● kurkuma ● cynamon ● kardamon ● kilka migdałów ● 1/4 łyżeczki siemienia lnianego

Wszystkie składniki gotuj na małym ogniu przez 15 minut do uzyskania gęstej konsystencji.

II ŚNIADANIE

KAKAO Z MLEKIEM KOKOSOWYM

- 1 czubata łyżka kakao
- 4 łyżki mleka kokosowego
- świeżo starta skórka pomarańczowa, plasterek imbiru, kilka ziarenek kardamonu
- 200 ml wody

Łyżkę kakao dobrze wymieszaj z 4 łyżkami mleka kokosowego, tak aby powstała gładka, gęsta masa. Równolegle zagotuj w rondelku 200 ml wody z odrobiną skórki pomarańczowej, plasterkiem świeżego imbiru i kardamonem. Dodaj wodę do kakao, ponownie dobrze zamieszaj i ponownie wlej całość do rondelka i doprowadź do wrzenia. Możesz dosłodzić miodem, stewią lub ksylitolem.

OBIAD

BŁYSKAWICZNY CHŁODNIK OGÓRKOWY

● 6 średnich ogórków gruntowych lub 1 ogórek wąż ● 1 awokado ● kilka rzodkiewek ● 1 ogórek małosolny (ewentualnie) ● szczypiorek ● koperek ● sól, pieprz ● łyżka soku z cytryny ● 1 przeciśnięty przez praskę ząbek czosnku ● 200 ml wody ● oliwa

Ogórki i awokado obierz ze skórki, pokrój na małe kawałki i zmiksuj z 200 ml wody na aksamitny krem. Posiekaj rzodkiewkę, ogórek małosolny, koperek oraz szczypiorek, dodaj je do chłodnika i wymieszaj. Wyciśnij do środka ząbek czosnku. Dopraw solą, pieprzem i cytryną, skrop oliwą. Podawaj schłodzony.

MISKA CIECIERZYCA I SZPINAK

- 4 czubate łyżki ugotowanej ciecierzycy
- 1/2 opakowania świeżego szpinaku
- 1 łyżka oliwy
- sól, pieprz, curry, kminek mielony, gałka muszkatołowa, czosnek (ewentualnie)

Rozgrzej czosnek na oliwie, dodaj szpinak i szybko go przesmaż, aż się skurczy. Przypraw solą, pieprzem, curry, kminkiem i gałką muszkatołową. Połącz z ciecierzycą. Podawaj z cytryną.

PODWIECZOREK

KULKA ENERGII

- 1 łyżka tahiny
- 1 łyżeczka miodu
- siemię lniane
- szczypta soli
- ewentualnie: kakao, cynamon, wiórki kokosowe – do wyboru

Połącz składniki i uformuj z nich kulki. Możesz obtoczyć je wedle uznania w wiórkach kokosowych, cynamonie lub kakao.

KOLACJA

QUINOA PO ARABSKU

- 10 dag komosy ryżowej
- 1 pomidor
- 1/2 papryki
- 1/4 ogórka wężowego
- 1 pęczek natki
- 1 pęczek mięty
- 1 ząbek czosnku
- sól, pieprz
- sok z 1/2 cytryny
- oliwa

Komosę ryżową ugotuj. Pomidor sparz wrzątkiem i obierz ze skórki. Wszystkie warzywa pokrój w bardzo drobną kostkę. Posiekaj natkę i miętę. Połącz składniki. Dodaj wyciśnięty przez praskę czosnek, sok z cytryny, oliwę, sól i pieprz.

PRODUKT DNIA

RELAKSUJĄCA PODUSZECZKA NA OCZY

W studiu jogi, w którym uczę, rozdajemy na czas końcowego relaksu satynowe poduszeczki na oczy. Ten moment sesji nasi jogini bardzo lubią. Nic dziwnego, taka poduszka wspaniale odcina zmysł wzroku od jakichkolwiek bodźców zewnętrznych i stymuluje punkty wykorzystywane w akupresurze, pogłębiając stan relaksu. Wykonana z jedwabiu czy satyny przyjemnie chłodzi czoło, a jeśli jest dodatkowo aromatyzowana naturalnym olejkiem lawendowym lub rumiankowym, wspaniale niweluje zmęczenie psychiczne i napięcia nerwowe. Warto mieć taką poduszeczkę w domu – kładź ja sobie na oczy, gdy relaksujesz się w pozycji savasany lub chcesz szybko zasnąć.

Joga, oddech, medytacja: postępuj zgodnie z Ramowym Planem Dnia.

Rada dnia: Technika rozpuszczania napięć

Na rozluźnienie i wyciszenie sytemu nerwowego pomoże opisana w poprzednim rozdziale 10-minutowa sekwencja jogi na dobry sen oraz opisana poniżej technika rozpuszczania napięć. Połóż się na brzuchu, czoło oprzyj na ułożonych jedna na drugiej dłoniach. Poczuj, jak wraz z wdechem wypychasz brzuch w stronę podłoża, a przyciągasz w kierunku kręgosłupa, robiąc wydech, wyobrażając sobie jednocześnie, że uwalniasz napięcia z ciała i rozluźniasz mięśnie. Zrób 10 takich głębokich, świadomych oddechów. Potem spokojnie obróć się na plecy. Połóż dłonie na brzuchu i poczuj, jak z wdechem unoszą się do góry, a z wydechem opadają. Takich oddechów wykonaj 20. Z każdym wydechem powtarzaj w myślach słowo „relaks" lub „zasypiam". Na koniec ugnij nogi w kolanach, przekręć się na prawy bok i odpoczywaj jeszcze przez jakiś czas. Niewykluczone, że to ćwiczenie tak Cię rozluźni, że spokojnie „odpłyniesz" do krainy snów.

News dnia: Czy wiesz, co zaburza Twój sen?

Najczęstsze przyczyny zaburzeń snu to: stres, napięcia w pracy czy życiu osobistym, zbyt obfite posiłki przed snem, mocna herbata czy kawa albo pity wieczorem alkohol, nieregularny tryb życia, zbyt wysoka lub zbyt niska temperatura w sypialni, praca na komputerze czy oglądanie telewizji do ostatnich chwil przed zaśnięciem.

Pięć sposobów na poprawienie jakości snu:

1. Kolację jedz najpóźniej dwie godziny przed zaśnięciem.
2. Nie pij po 18.00 napojów zawierających kofeinę czy alkohol.
3. Zawsze wywietrz i zaciemnij pomieszczenie, w którym śpisz.
4. Komputer i telewizor wyłącz najpóźniej pół godziny przed pójściem spać.
5. 30 minut przed snem poświęć na wyciszenie systemu nerwowego.

ODKRYCIE DNIA:

PRZEPIS DNIA:

POSTANOWIENIE DNI:

Dzień IX – faza wyjścia

MENU:

Na czczo: szklanka wody z cytryną
Śniadanie: ryżanka z jabłkiem
II śniadanie: świeżo wyciskany sok z cytrusów
Obiad: zupa krem z dyni, Miska Czerwona jak Burak
Podwieczorek: pomarańcza z cynamonem i migdałami
Kolacja: pieczone ziemniaki i kapusta kiszona z jabłkiem

ŚNIADANIE

HAPPY RYŻANKA

● 4 łyżki ugotowanego brązowego ryżu ● kawałek imbiru (1 cm) ● 1/2 startego jabłka ● łyżeczka oleju kokosowego ● łyżeczka miodu ● sól ● kurkuma

Na oleju uduś starty imbir z jabłkiem i miodem, szczyptą soli i kurkumą. Na garnku z gotującą się wodą postaw sitko i podgrzej w nim ryż. Podawaj ryż z jabłkiem.

II ŚNIADANIE

sok świeżo wyciskany z cytrusów

OBIAD

SŁONECZNA ZUPA KREM Z DYNI HOKKAIDO

● pół dyni hokkaido (około 750 g) ● kawałek imbiru (2 cm) ● pół czerwonej cebuli ● olej kokosowy ● sok z 1/2 pomarańczy ● cieniutko obrana skórka z 1/2 pomarańczy ● sól, pieprz ● świeża kolendra ● pestki dyni ● mleko kokosowe

Dynię piecz w piekarniku nagrzanym do temperatury 200 stopni przez 45 minut. W garnku rozgrzej olej kokosowy i przesmaż do miękkości pokrojoną w kostkę lub piórka cebulę oraz posiekany imbir (około 5 minut). Dodaj upieczoną, pokrojoną na kawałki dynię. Zalej gorącą wodą lub bulionem warzywnym. Gotuj 5 minut. Dodaj skórkę pomarańczy, pogotuj jeszcze około 10 minut, następnie dodaj sok. Przypraw pieprzem i solą. Zmiksuj na krem. Posyp świeżą kolendrą lub/i pestkami dyni. Podawaj z kleksem mleka kokosowego.

MISKA CZERWONA JAK BURAK

- 4 łyżki ugotowanej kaszy quinoa
- 1 pieczony burak
- 1 ogórek kiszony
- 1/2 pęczka natki
- czarnuszka
- winegret czosnkowy

Burak piecz w piekarniku przez 40 minut. Burak i ogórek pokrój. Natkę posiekaj. Warzywa połącz z kaszą i wymieszaj z winegretem. Posyp czarnuszką.

WINEGRET CZOSNKOWY:

- 1/4 łyżeczki soli
- 1/4 łyżeczki pieprzu
- mały ząbek czosnku
- łyżeczka soku z cytryny
- 2 łyżki oliwy

Sól, pieprz, sok z cytryny wymieszaj z przeciśniętym przez praskę czosnkiem, dodaj oliwę, jeszcze raz energicznie zamieszaj.

PODWIECZOREK

POMARAŃCZA Z CYNAMONEM I PŁATKAMI MIGDAŁOWYMI

- 1 pomarańcza
- łyżka płatków migdałowych
- cynamon

Pomarańczę obierz ze skórki i pozbaw białej błonki. Pokrój w poprzek na plastry. Ułóż na talerzu, posyp płatkami migdałowymi oraz cynamonem.

KOLACJA

PIECZONE ZIEMNIAKI I KAPUSTA KISZONA Z JABŁKIEM

PIECZONE ZIEMNIAKI

● 1 duży ziemniak lub 2 małe ● garam masala ● sól ● oliwa

Ziemniaki pokrój w łódki, posyp garam masalą i odrobiną soli, skrop oliwą i postaw na blasze wyłożonej papierem do pieczenia. Piecz przez 30 minut aż będą zrumienione i złociste. W czasie pieczenia kilkakrotnie wymieszaj.

KAPUSTA KISZONA Z JABŁKIEM

● 20 dkg kapusty kiszonej ● 1/2 słodkiego jabłka ● 3-4 suszone pomidory (ewentualnie) ● kminek ● garam masala ● 1 łyżka oliwy

Kapustę posiekaj ostrym nożem. Dodaj jabłko starte na tarce o grubych oczkach, suszone pomidory pokrojone w kawałki, kminek i garam masalę do smaku. Całość wymieszaj z oliwą.

PRODUKT DNIA

PESTKI DYNI

To pestki zdrowia i urody. Zawsze miej je ze sobą w torebce jako zdrową przekąskę, gdy dopadnie Cię głód. Są prawdziwą skarbnicą witamin A, E i C oraz z grupy B, a także magnezu, manganu i fosforu. Zawierają cenne dla kobiet odmładzające fitoestrogeny, korzystnie oddziałujące na układ hormonalny. Przyśpieszają detoksykację organizmu i usuwanie pasożytów.

News dnia: Mindfulness – co to takiego?

Mindfulness to sprowadzanie świadomości do chwili obecnej. Inaczej uważność, przytomność, stan umysłu zakotwiczony w tu i teraz. Ma swoje korzenie w tradycyjnej, znanej od tysięcy lat buddyjskiej medytacji wglądu, której istotą jest specyficzny rodzaj uwagi: nieosądzający, zwrócony na chwilę obecną, świadomy. Mindfulness to niezwykle praktyczne narzędzie, które trenowane cierpliwie i regularnie przynosi praktykującym niezwykłe rezultaty.

Rada dnia: Dzień Uwagi

Osobom, które pytają mnie, jak trenować bycie w chwili obecnej, proponuję słynne ćwiczenie propagowane przez mistrza zen Thich Nhat Hanha – Dzień Uwagi. Najlepiej na dzień uwagi wybrać sobotę. Po całym tygodniu aktywności, ale jeszcze bez gorączkowego oddechu poniedziałku na plecach, będzie idealna, by uczynić z niej święto uważności.

1. Po przebudzeniu nie wyskakuj od razu z łóżka. Uśmiechnij się do siebie. Zrób kilka głębokich, świadomych oddechów. Uświadom sobie, że właśnie zaczął się dla Ciebie Dzień Uwagi.
2. Poświęć minimum 10 minut na medytację z oddechem. Gdy skończysz, daj sobie chwilę, by poobserwować swoje samopoczucie po wykonaniu ćwiczenia.
3. Dziś każdą rzecz wykonuj, skupiając się tylko na niej. Nie wprowadzaj chaosu. Nie obawiaj się, na wszystko znajdziesz czas.
4. Przystąp do swoich codziennych czynności. Gdy ścielesz łóżko, nie myśl o tym, co będzie na śniadanie, bądź tylko z tym, co dzieje się w danym momencie.
5. Przygotuj sobie śniadanie i poświęć na nie co najmniej pół godziny. Zjedz je w spokoju i uważnie. Delektuj się każdym kęsem.
6. Idź na spacer. Zwróć uwagę na swój oddech, na to, jak stawiasz kroki. Dostosuj rytm chodzenia do rytmu oddechu.
7. Kup kwiaty lub ich nazrywaj. Ułóż z nich bukiet. Ciesz nimi oko. Zwróć uwagę, jak układa się na nich światło, o każdej porze dnia inaczej. Może zechcesz je narysować?
8. Dobrym towarzystwem dla uważności jest cisza. Umów się ze sobą, że w dniu uwagi świadomie wyłączysz telewizor, radio, telefon, komputer.
9. Zwracaj też baczną uwagę na wypowiadane w tym dniu słowa. Możesz mówić, ale nie za dużo, słowa wytrącają z energii uważności.
10. Cokolwiek robisz w Dniu Uwagi, wykonuj tę czynność z radością i bez pośpiechu. Nie nadawaj czynnościom rangi. Twoja mantra na dziś to: chwila po chwili, czynność po czynności.

ODKRYCIE DNIA:

Joga, oddech, medytacja: postępuj zgodnie z Ramowym Planem Dnia.

PRZEPIS DNIA:

POSTANOWIENIE DNI:

Dzień X – faza wyjścia

MENU:

Na czczo: szklanka wody z cytryną
Śniadanie: owsianka podstawowa
II śniadanie: chipsy z białej rzodkwi z hummusem
OBIAD: Zupa Kojąca z czerwonej soczewicy,
Miska Pomarańczowy Szpinak
Podwieczorek: sok z zasadami
Kolacja: makaron brązowy z surowym sosem z pomidorów

ŚNIADANIE

HAPPY OWSIANKA PRZEPIS PODSTAWOWY

● 4 łyżki płatków owsianych ● szklanka wody

Zalej płatki wodą i gotuj na małym ogniu około 15 minut, od czasu do czasu mieszając aż do uzyskania gęstej konsystencji. Do tak przygotowanej owsianki dodaj to, co lubisz: odrobinę cynamonu, starte lub pokrojone owoce sezonowe, orzechy, pestki słonecznika lub dyni, rodzynki, owoce goji, żurawinę.

II ŚNIADANIE

CHIPSY Z BIAŁEJ RZODKWI Z HUMMUSEM

● pół białej rzodkwi lub kalarepki

Białą rzodkiew lub kalarepkę pokrój w cienkie plasterki na chipsy.

HUMMUS

● 1/2 szklanki ciecierzycy ● 1 łyżeczka tahini ● sok z 1/4 cytryny ● 1/2 ząbku czosnku ● 2 łyżki oliwy ● sól, pieprz

Ciecierzycę namocz na noc. Odcedź, zalej świeżą wodą i gotuj do miękkości przez około godzinę. Po ugotowaniu ponownie odcedź, ale nie wylewaj wody, będzie potrzebna do regulowania konsystencji hummusu. Wszystkie składniki zmiksuj i hummus gotowy!

OBIAD

ZUPA KOJĄCA

● 2 małe marchewki ● 2 małe pietruszki ● 2 średnie ziemniaki ● 1/2 szklanki czerwonej soczewicy ● kawałek imbiru (1 cm) ● 1 ząbek czosnku ● 750 ml wody ● sól ● pieprz ● kurkuma ● bazylia ● suszona zmielona kolendra ● świeża kolendra lub natka ● małe opakowanie mleka kokosowego (ewentualnie)

Soczewicę dokładnie opłucz. W garnku przesmaż przez 3 minuty wszystkie warzywa, czosnek pokrojony na kawałki, imbir. Zalej wrzątkiem. Dodaj soczewicę, sól, pieprz i przyprawy. Gotuj 10 minut na małym ogniu. Dopraw pieprzem, solą do smaku. Podawaj ze świeżą kolendrą lub natką. Możesz dodać mleko kokosowe.

MISKA POMARAŃCZOWY SZPINAK

- 1/2 opakowania szpinaku
- 1/2 pomarańczy
- 1/2 awokado
- kilka liści kruchej sałaty rzymskiej lub lodowej
- kawałek wędzonego lub naturalnego tofu
- ziarenka sezamu
- winegret pomarańczowy

Obierz pomarańczę, podziel na cząstki i usuń z niej białe błonki. Awokado przekrój na pół, usuń pestkę i łyżką oddziel miąższ od skórki. Pokrój na plastry. Tofu pokrój w paski. Na talerzu ułóż porwane na mniejsze części liście szpinaku i sałaty, kawałki pomarańczy, awokado i tofu. Polej sosem pomarańczowym, posyp ziarenkami sezamu i delikatnie wymieszaj.

WINEGRET POMARAŃCZOWY

● sok i miąższ z 1 pomarańczy ● sok z 1/2 cytryny ● 1 łyżeczka soli morskiej ● 4 łyżki oliwy ● 1 łyżka świeżego imbiru ● ewentualnie miód

Wszystkie składniki wymieszaj.

PODWIECZOREK

SOK Z ZASADAMI

● 1 burak ● 1 jabłko ● 1/2 grejpfruta ● kawałek imbiru (2 cm) ● 1/2 cytryny

Z całego tego towarzystwa wyciśnij wszystkie soki w sokowirówce lub wyciskarce.

KOLACJA

MAKARON BRĄZOWY Z SUROWYM SOSEM Z POMIDORÓW

- 10 dag brązowego makaronu

Makaron ugotuj według przepisu na opakowaniu z odrobiną soli i łyżeczką oliwy.

SUROWY SOS Z POMIDORÓW

- 2 pomidory
- ząbek czosnku
- pęczek bazylii
- oliwa
- sól
- pieprz

Pomidory sparz wrzątkiem i obierz ze skórki. Pokrój w kostkę. Bazylię porwij na drobne kawałki, wyciśnij ząbek czosnku, dodaj sól, pieprz, oliwę.
Ugotowany makaron polej surowym sosem i dobrze wymieszaj. Możesz go posypać świeżo zmielonym pieprzem.

Rada dnia: Oddech naprzemienny nadi sodhana
To podstawowa, bezpieczna technika oddechowa, która uspokaja, niweluje napięcia, sprzyja wewnętrznej równowadze, rewitalizuje, oczyszcza i wyrównuje przepływ energii w organizmie. Jest doskonałym przygotowaniem do medytacji.
Usiądź w siadzie skrzyżnym lub na krześle. Dłonie ułóż na udach wnętrzem do góry. W lewej dłoni złącz koniuszek kciuka i palca wskazującego. W dłoni prawej zegnij do jej wnętrza palec wskazujący i środkowy (vishnu mudra). Tak przygotowaną dłoń unieś do góry i kciukiem zakryj prawą dziurkę nosa, przedramię i łokieć zbliż do klatki piersiowej, tak by nie spinać ramienia. Zrób wydech lewą dziurką, a potem wdech. Zakryj małym i serdecznym palcem lewą dziurkę nosa. Przez moment obie dziurki są zakryte. Zrób łagodny długi wydech prawą dziurką i łagodny wdech. Zakryj kciukiem prawą dziurkę. Przez moment obie dziurki są zakryte. Następnie zrób łagodny wydech lewą dziurką i weź nią łagodny wdech. Oddychaj tak naprzemiennie przez 5 minut, aż poczujesz ciepło na twarzy.
To oznacza pobudzenie oddychania komórkowego (wewnętrznego), które stymuluje procesy życiowe wszystkich komórek organizmu.

PRODUKT DNIA

CZERWONA SOCZEWICA

Uwielbiam czerwoną soczewicę! Jako bogate źródło białka i aminokwasów jest nieoceniona w diecie wegetariańskiej i wegańskiej. Zawiera także magnez, wapń, żelazo i fosfor, witaminy z grupy B, witaminy C i PP oraz kwas foliowy. Ma dużo błonnika i niski indeks glikemiczny. Są różne gatunki soczewicy, ale to właśnie czerwona ma najwięcej białka ze wszystkich, najszybciej się też gotuje, nie trzeba jej przed gotowaniem namaczać, wystarczy ją tylko dokładnie opłukać. Nadaje się idealnie do przygotowania błyskawicznego, sycącego, pełnowartościowego posiłku. Wystarczy ją gotować 10–15 minut, aby była miękka. Dodana pod koniec gotowania do zup warzywnych nadaje im aksamitną konsystencję gęstego dalu (dal to w Indiach uniwersalne określenie na produkty strączkowe i potrawy z nich przyrządzane) oraz optymistyczny żółty kolor, gdyż w trakcie gotowania zmienia barwę. Lubi towarzystwo egzotycznych przypraw typu kolendra, kumin czy kurkuma albo gotowych mieszanek przypraw hinduskich takich jak curry lub garam masala, ale równie świetnie smakuje z majerankiem, tymiankiem i bazylią.

News dnia: Stres

Czy wiesz, że Światowa Organizacja Zdrowia określiła stres jako chorobę stulecia?

Stres jest definiowany jako reakcja organizmu na przeciążenie psychofizyczne. W pierwszej fazie stresu organizm mobilizuje swoje siły, by poradzić sobie z danym zadaniem lub sytuacją, w dalszej fazie, przy silnym i długotrwałym stresie, pojawiają się zaburzenia, które mogą doprowadzić do poważnych chorób. Gdy jesteśmy poddawani stresowi, rośnie poziom adrenaliny we krwi, spłyca się oddech, rozszerzają się naczynia krwionośne, rozregulowuje się trawienie, spinają się mięśnie. W efekcie osłabia się cały układ immunologiczny, pojawiają się problemy żołądkowe, przewlekłe bóle głowy i kręgosłupa, stany lękowe i depresyjne, bezsenność, choroby układu krążenia, zaburzenia koncentracji i pamięci. W dzisiejszych czasach znajomość łatwych technik oddechowych i medytacyjnych, które rozładowują napięcia, nie jest wyborem, lecz koniecznością.

ODKRYCIE DNIA:

Joga, oddech, medytacja: postępuj zgodnie z Ramowym Planem Dnia.

PRZEPIS DNIA:

POSTANOWIENIE DNI:

Rozdział X

Przepisy programu Happy Detoks

„Dopóki miłość stoi w kuchni, dopóki miłość nam gotuje, te noże, widelce mają jakiś sens”.
– Tomasz Różycki

W tym rozdziale znajdziesz kilkadziesiąt przepisów na zdrowe, pyszne, kolorowe, apetyczne, pomysłowe wegetariańskie i wegańskie dania programu Happy Detoks: napoje, śniadania, zielone koktajle, zupy, miski obiadowe, podwieczorki i kolacje. Wszystkie je wykorzystuję regularnie w mojej kuchni: są sprawdzone, a przede wszystkim radośnie i beztrosko nieskomplikowane. Przygotowanie każdego z nich zajmuje od 5 do 30 minut. Nie traktuj ich jednak jak wyroczni – przepis to tylko punkt wyjścia i inspiracja. Jedna z moich ulubionych książek kucharskich nie zawiera w ogóle proporcji, podaje tylko składniki użyte do poszczególnych dań oraz kilka wierszy i rysunków wykonanych przez autorów. Ja nie posunęłam się aż tak daleko, choć przyznam, że podanie dokładnych proporcji w poszczególnych przepisach było dla mnie dużym wyzwaniem, gdyż moja babcia i mama zawsze mi radziły – „mąki dodaj, kochanie, ile zabierze." I tak mi zostało. Próbuję, dosmaczam, zagęszczam, rozrzedzam, aż jestem usatysfakcjonowana. Gotowanie ma być radością, zabawą, pretekstem do używania intuicji, flirtem z wyobraźnią, procesem twórczym, jazdą bez trzymanki. I do tego Cię namawiam – w kuchni baw się, eksperymentuj i odważnie kreuj nowe połączenia. Brakuje Ci kolendry, dosyp kminku. Nie masz koperku, wykorzystaj natkę. Sok z pomarańczy zastąp sokiem z limonki, zamiast ananasa użyj mango, skończyły się jabłka, to weź gruszki. Nie przejmuj się tym, że czegoś masz za mało, a czegoś za dużo. W kuchni, o ile solidnie czegoś nie przesolisz i nie zwęglisz, tak naprawdę niewiele może pójść nie tak! Radośnie zatem mieszaj, siekaj, krój, miksuj i bądź szczęśliwa!

Napoje

SZKLANKA WODY Z CYTRYNĄ I IMBIREM

Od lat zaczynam dzień od szklanki ciepłej wody z sokiem wyciśniętym z połówki cytryny i z kilkoma plasterkami imbiru. Po latach przywykłam już do kwaśnego smaku, ale na początku zawsze dosładzałam tę miksturę łyżeczką miodu ze sprawdzonej pasieki. Nie dość, że ta mieszanka przyśpiesza perystaltykę jelit, to także rewelacyjnie odkwasza organizm (tak! cytryny mają odczyn zasadowy) oraz, co ważne w zimne miesiące, rozgrzewa nas od środka. Cytryna zawiera dużo witaminy C, działa na organizm oczyszczająco, wzmacniająco i pobudzająco. Dodatek antybakteryjnego i rozgrzewającego imbiru jeszcze dodatkowo podkręca ten efekt. Jeśli chcesz, aby miód także oddał Ci swoje wartości odżywcze, a nie tylko osłodził napój, zalej łyżeczkę miodu na noc chłodną wodą, a rano upewnij się, że temperatura wody, której używasz do mikstury, nie przekracza 45 stopni C.

● szklanka ciepłej wody ● sok z połówki cytryny
● łyżeczka miodu ● 2 plasterki imbiru

SZKLANKA CIEPŁEJ WODY PÓŁ GODZINY PRZED POSIŁKAMI

Woda to warunek konieczny, by przyśpieszyć procesy metaboliczne. Odwodniony organizm nie pracuje normalnie, spowalnia wszystkie swoje funkcje. Naucz się regularnie zaspokajać pragnienie swojego ciała, a przy okazji zapamiętaj, że często, gdy chce Ci się jeść, tak naprawdę chce Ci się pić. Spożywanie ciepłej wody nawadnia organizm, wspomaga trawienie, redukuje nadwagę oraz rozgrzewa, co ma niebagatelne znaczenie w trakcie detoksu, gdyż podczas oczyszczania często jest nam zimno (zwłaszcza w początkowej fazie procesu). Zdziwisz się, jak fenomenalne efekty przyniesie zastąpienie ciepłą wodą kawy, napojów gazowanych, słodzonych soków i czarnej herbaty

„Prawdziwy mistrz pije zawsze coś ciepłego".

FILIŻANKA ZIELONEJ HERBATY PO OBIEDZIE

Udowodniono, że picie 3–4 filiżanek zielonej herbaty dziennie, bogatej w kofeinę, polifenole i katechiny, przyśpiesza metabolizm oraz pozwala codziennie spalić do stu kalorii więcej. Wydaje się, że to niedużo, ale w skali roku można w ten sposób zrzucić kilka zbędnych kilogramów. Ponadto gorycze, czyli gorzkie substancje zawarte w zielonej herbacie, pobudzają trawienie, wzmagają wydzielanie soków żołądkowych, zapobiegają wzrostowi poziomu cukru we krwi oraz regulują wydzielanie żółci. Zieloną herbatę zaparzamy w temperaturze 70–80 stopni. Zalana wrzątkiem nie odda nam swojego doskonałego aromatu, zrobi się gorzka i niesmaczna.

Zielona herbata jest znakomita, ale rozsmakowanie się w niej zabiera zwykle trochę czasu, dlatego na początek dobrze jest wybierać mniej wytrawne gatunki. Godna polecenia jest japońska genmaicha z prażonym ryżem i jęczmieniem lub zielona herbata jaśminowa. Na trawienie znakomita jest klasyczna japońska sencha. Jeśli nie lubisz zielonej herbaty lub nie możesz jej pić, zastąp ją herbatką z pokrzywy lub kopru włoskiego albo gotową mieszanką oczyszczającą organizm.

Śniadania – wariacje na temat owsianki

Gdy przeszłam na wegetarianizm, cały czas było mi zimno. Kasia, która uczyła mnie na kursach gotowania według Kuchni Pięciu Przemian zgodnie z zaleceniami medycyny chińskiej, doradziła mi wtedy na śniadania rozgrzewającą i sycącą owsiankę. Owsianki znałam z wyjazdów z jogą, ale na co dzień w domu na śniadanie wcinałam głównie wychładzające organizm jogurty. Nie słyszałam wtedy o tym, że istnieje coś takiego jak właściwości termiczne pokarmów. Dopiero gdy zainteresowałam się tym tematem, odkryłam, że jedzenie może albo rozgrzać, albo wychłodzić organizm. Owsianka z dodatkiem „gorących" przypraw takich jak cynamon i imbir rozgrzewa fantastycznie. W chłodne miesiące zawsze jem na śniadanie owsiankę, jaglankę lub ryżankę, czyli lekkostrawne posiłki bogate w błonnik i węglowodany złożone. To śniadanie mistrzów, często zresztą wybierane jest przez osoby uprawiające aktywnie sport. Zawarty w nim błonnik stymuluje pracę jelit i pęcznieje w żołądku, na długo dając poczucie sytości. Węglowodany złożone są długo trawione przez organizm, dzięki czemu poziom cukru nie podnosi się gwałtownie i równie gwałtownie nie spada, co chroni przed szybką utratą energii i atakiem wilczego głodu. Takie śniadanie doskonale sprawdzi się jesienią i zimą. Do swojej owsianki zawsze wybieraj płatki do gotowania (tzw. zwykłe), bo błyskawiczne mają znacznie mniej błonnika. Mój tata najbardziej lubi owsiankę z solą, a mama dodaje do swojej odrobinę miodu. Ja je-

Zeskanuj zdjęcie, żeby odkryć, którą wariację na temat owsianki przygotowała Kasia.

stem niestała w upodobaniach i raz jem owsiankę w wersji postnej, a raz na bogato. Czasem gotowaną, czasem z surowymi dodatkami. Niekiedy moja owsianka to jaglanka, a kiedy indziej ryżanka albo gryczanka. I was też zachęcam do eksperymentów. Ostatnio oszalałam na punkcie płatków jaglanych, owsianych albo gryczanych, które namaczam na noc z orzechami, a rano tylko dokrawam i dosypuję różne dodatki. To wariacja na temat słynnej sałatki piękności, którą swoim klientkom rekomendowała właścicielka ekskluzywnego imperium kosmetycznego Helena Rubinstein, nic dziwnego, że nazwałam to śniadanie „Piękna Helena".

HAPPY OWSIANKA

przepis podstawowy

Zalej 4 łyżki płatków owsianych szklanką wody, gotuj na małym ogniu około 15 minut od czasu do czasu mieszając, aż do uzyskania gęstej konsystencji. Do tak przygotowanej owsianki dodaj ulubione dodatki: odrobinę cynamonu, starte lub pokrojone owoce sezonowe, orzechy, pestki słonecznika, dyni, rodzynki, owoce goji, żurawiny.

HAPPY OWSIANKA WSZYSTKOMAJĄCA

Zalej 4 łyżki płatków owsianych szklanką wody, dodaj 1/2 startego jabłka, 1/2 banana, cynamon, odrobinę imbiru, rodzynki, orzechy, śliwki suszone, 1/4 łyżeczki siemienia lnianego i gotuj na małym ogniu przez mniej więcej 15 minut, od czasu do czasu mieszając.

HAPPY JAGLANKA

Zalej 4 łyżki kaszy jaglanej szklanką wody, dodaj 1/2 pokrojonego w drobną kostkę jabłka, odrobinę soli, odrobinę kurkumy, odrobinę skórki pomarańczowej, kardamon, cynamon, kilka migdałów, 1/4 łyżeczki siemienia lnianego i gotuj na małym ogniu przez 15 minut do uzyskania gęstej konsystencji.

HAPPY JAGLANKA MUS

fantastyczna też jako zdrowy deser

Startą gruszkę lub jabłko albo ulubione owoce sezonowe (maliny w tym przepisie ścinają z nóg!) zmiksuj z bananem. W osobnej miseczce wymieszaj wcześniej ugotowaną kaszę jaglaną z posiekanymi migdałami, cynamonem i rodzynkami. Do szklanej miseczki lub szklanki (chodzi o efekt estetyczny) nałóż 4 łyżki musu, na to kaszę jaglaną z dodatkami. Posyp płatkami migdałowymi.

HAPPY GRYCZANKA

Na suchej patelni upraż 12 połówek orzechów włoskich. Na łyżeczce oleju kokosowego przesmaż 4 łyżki wcześniej ugotowanej kaszy gryczanej. Dodaj łyżeczkę miodu i orzechy. Całość wymieszaj.

HAPPY RYŻANKA

Na łyżeczce oleju kokosowego uduś 1 cm startego imbiru z połówką startego jabłka i łyżeczką miodu do smaku. Dodaj szczyptę soli i kurkumy. Na garnku z gotującą się wodą postaw sitko i podgrzej w nim 4 łyżki wcześniej ugotowanego brązowego ryżu. Na talerz lub do miseczki wyłóż ryż, a na ryż imbirowo-miodowe jabłuszko.

HAPPY SUROWA, ALE PIĘKNA HELENA

Helena Rubinstein, kreatorka i właścicielka ekskluzywnej marki kosmetycznej, dobrze wiedziała, że uroda zaczyna się od jelit, zatem i wizyta w jej salonach kosmetycznych zaczynała się od podania sałatki piękności, która regularnie spożywana miała zapewnić klientkom olśniewający wygląd skóry, włosów i paznokci. Sałatka składała się z namoczonych płatków owsianych, soku z cytryny, miodu, mleka, pestek słonecznika, nasion dyni oraz owoców sezonowych. W czasach pani Heleny nie było problemów z glutenem, dziś można płatki owsiane zastąpić płatkami jaglanymi lub gryczanymi, a mleko krowie sojowym, migdałowym, owsianym lub kokosowym, albo obyć się bez niego i pozyskać wapń, dodając tahiny. W mojej wersji tak właśnie robię, dodaję też zmielone siemię lniane

przepadam za tym śniadaniem!

i jagody goji, jeśli je akurat mam pod ręką. Ta owsianka na surowo to rewelacja – wspaniale czyści przewód pokarmowy z zalegających resztek pokarmów i stanowi dla organizmu prawdziwą bombę witaminową. Jest w niej witamina C, komplet witamin z grupy B oraz mnóstwo minerałów, wapń i błonnik. Do tego czynne enzymy z surowych owoców. Polecam, zwłaszcza gdy na dworze robi się cieplej.

4 łyżki wybranych płatków (owsiane, jaglane lub gryczane) namocz na noc lub pół godziny przed jedzeniem w 8 łyżkach wody z kilkoma migdałami lub orzechami. Rano dodaj łyżkę soku z cytryny, łyżkę miodu i łyżkę tahiny. Wymieszaj. Wkrój pół banana i pół jabłka lub użyj innych owoców sezonowych. Dodaj ziarna słonecznika i pestki dyni. Wymieszaj. Posyp łyżeczką zmielonego siemienia lnianego. Możesz dodać rodzynki, owoce goji, suszone żurawiny, daktyle, figi, wszystko, na co tylko masz ochotę – to w końcu Twoje śniadanie.

Zielone koktajle owocowo-warzywne

Zeskanuj zdjęcie, żeby zobaczyć, jak Kasia przygotowuje zielony koktajl.

Taki shake to ma moc! Miksujesz warzywa i owoce, wypijasz szklanicę takiego koktajlu i możesz góry przenosić. Bogactwo antyoksydantów, solidna dawka błonnika, witamin, składników odżywczych, aminokwasów, bezcennego chlorofilu i żywych enzymów w jednej porcji jest imponująca! Po takim posiłku czujesz się bardzo lekko, a jednocześnie masz mnóstwo energii i siły. Nic dziwnego, organizm trawi zielony koktajl stosunkowo szybko i łatwo, energia nie jest marnowana na procesy metaboliczne, stąd bierze się poczucie megapoweru. Do tego takie smoothie bardzo łatwo jest zrobić. Wystarczy włożyć składniki do blendera lub użyć stopki miksującej, dolać trochę wody (ilość reguluj wedle własnych upodobań, 100 ml w przepisach to minimum do podanych proporcji), ziuuuuuuuuuuuu i już!

HAPPY ZIELONO MI

● 1 duży pęczek natki ● 1 banan ● 1 jabłko ● łyżka soku z cytryny ● 1 cm imbiru ● 100 ml wody

HAPPY DŻARMUSZ

Bardzo łatwy do przyrządzenia. Idealny na lekkie śniadanie lub przekąskę. Oczyszczający i poprawiający metabolizm.

● 1 banan ● duża garść porwanego drobno jarmużu ● obrane ze skórki kiwi ● 1/2 awokado ● sok z 1/2 cytryny ● 1 cm kawałek obranego świeżego imbiru ● 100 ml wody

HAPPY PORANNE NAWILŻENIE

● 4 plastry arbuza ● 4 małe ogórki ● 1/2 banana ● garść jarmużu ● 100 ml wody

HAPPY MEGA OMEGA

● 1 awokado ● 4 liście sałaty ● 2 małe ogórki ● 100 ml wody ● 1 gruszka ● 1/2 banana

HAPPY ALOHA

● 1 pomarańcza ● pół cytryny ● 1 banan ● 1/4 ananasa ● duża garść rukoli ● 100 ml wody

HAPPY PORANNY PRZEBŁYSK

● duża garść szpinaku ● 1 banan ● 1/2 awokado ● sok z 1 pomarańczy ● 100 ml wody

DAKTYLOWA POKUSA

● 1 pęczek natki ● 1 banan ● 1 jabłko ● 2 świeże daktyle ● sok z 1 cytryny ● 100 ml wody

Rady dla początkujących:

> Miksuj w proporcji 70 proc. owoców do 30 proc. warzyw i liści (stopniowo, gdy już przyzwyczaisz się do „zielonego" smaku, zwiększaj udział warzyw i liści).
> Odważnie kreuj nowe smaki i zestawienia: miksuj melona ze szpinakiem, banana z natką, pomarańczę z selerem naciowym, ogórka z sałatą i arbuzem.
> Używaj warzyw i owoców z upraw ekologicznych. Jest to szczególnie ważne w przypadku warzyw liściastych, ogórków, selera naciowego i jabłek.
> Dodawaj do koktajli wodę dobrej jakości, najlepiej filtrowaną lub butelkowaną.
> Zastępuj zielonym koktajlem śniadanie, lunch lub kolację albo pij je jako zdrową przekąskę.

Dodatkowe II śniadania

ŚWIEŻY ANANAS Z PIEPRZEM CAYENNE

● pół małego świeżego ananasa ● pieprz cayenne

Ananasa przekrój na pół, obierz ze skórki, pokrój w plastry i oprósz pieprzem cayenne.

CHIPSY Z BIAŁEJ RZODKWI Z HUMMUSEM

● pół białej rzodkwi lub kalarepki

Białą rzodkiew lub kalarepkę pokrój w cienkie plasterki na chipsy.

HUMMUS

● 1/2 szklanki ciecierzycy ● 1 łyżeczka tahini ● sok z 1/4 cytryny ● 1/2 ząbku czosnku ● 2 łyżki oliwy ● sól, pieprz

Ciecierzycę namocz na noc. Odcedź, zalej świeżą wodą i gotuj do miękkości przez około godzinę. Po ugotowaniu ponownie odcedź, ale nie wylewaj wody, będzie potrzebna do regulowania konsystencji hummusu. Jeśli chcesz uzyskać hummus gęstszy, tak jak w tym daniu, dodajesz wody mniej, a gdy zechcesz z hummusu zrobić raczej sos hummusowy do warzyw, wtedy wody będziesz potrzebowała więcej. Wszystkie składniki zmiksuj i hummus gotowy!

Zupy

Nie wyobrażam sobie życia bez zup. Dla mnie to danie cud – pożywne, zdrowe, sycące, rozgrzewające, lekkostrawne, pełne witamin, minerałów, błonnika, przy tym niskokaloryczne i w dodatku łatwe w przygotowaniu (a zupa krem to już dosłownie szast-prast). W diecie Happy Detoks, z kilkoma wyjątkami, królują właśnie aksamitne zupy kremy. Wyszłam z założenia, że takie, nie dość że pyszne i eleganckie, najłatwiej jest przygotować. No bo co to za filozofia pokroić warzywa, zalać wodą, ugotować do miękkości, doprawić i zmiksować? Naprawdę, pół godziny i gotowe. A jeśli skorzystasz z przepisu na surową zupę krem z brokułów czy ogórków, jej przygotowanie zajmie Ci maksymalnie 10 minut. Każdą z zup kremów możesz podawać z dodatkiem posypki z siemienia lnianego, słonecznika lub pestek dyni, zmielonego siemienia lnianego, gomasio, świeżych ziół, świeżego pieprzu, łyżki mleczka kokosowego albo dobrej oliwy naturalnej lub smakowej. Z moich przepisów wychodzą dwie porcje zupy. To na wypadek, gdybyś była głodna po południu lub nie najadła się kolacją. Wtedy taka dodatkowa porcja zupy będzie w sam raz jako ekstraniskokaloryczny, ale sycący posiłek.

Zeskanuj zdjęcie, żeby zobaczyć, jak Kasia przygotowuję zupę krem z cukinii.

KREM KALAFIOROWY

● pół małego kalafiora ● 1 mały por ● 1 łodyga selera naciowego ● pół litra wody lub wywaru warzywnego ● 10 rodzynek ● sól, pieprz ● 1 łyżka oliwy ● czarnuszka

Rozgrzej łyżkę oliwy. Pokrój por i seler w plasterki i smaż przez 4 minuty do miękkości. Dodaj różyczki kalafiora. Zalej wodą lub bulionem. Doprowadź do wrzenia, a potem gotuj na małym ogniu jeszcze przez 15 minut. Zmiksuj. Dopraw solą i pieprzem. Podawaj z rodzynkami, listkami rukoli, posypaną czarnuszką i skropioną oliwą.

LUKSUSOWY KREM ZE ŚWIEŻYCH POMIDORÓW

- 750 g świeżych pomidorów
- łyżka zmielonych nasion kolendry
- łyżka cynamonu
- łyżka miodu
- sól, pieprz
- 2 łyżki oliwy

Pomidory ponacinaj na krzyż i zalej wrzątkiem na kilka minut. Obierz je ze skórki. Pokrój w ósemki i gotuj do miękkości przez około godzinę. Dodaj do pomidorów łyżkę miodu (słodki smak jest potrzebny, by przełamać kwaskowaty smak pomidorów) i 2 łyżki oliwy. Gdy pomidory będą się już rozpadały, zmiksuj zupę na jedwabisty krem. Dodaj zmieloną kolendrę i cynamon. Dosól i dopieprz do smaku. Zupę podawaj ze świeżo zmielonym pieprzem, skropioną oliwą.

EKSPRESOWY KREM Z POMIDORÓW

- 500 ml dobrego przecieru pomidorowego
- 2 ząbki czosnku
- łyżeczka miodu
- 1/4 opakowania suszonej bazylii
- 2 łyżki oliwy
- sól, pieprz

W garnku rozgrzej oliwę, przesmaż na niej posiekany czosnek, wlej przecier, zagotuj, dodaj 1/4 opakowania suszonej bazylii, łyżeczkę miodu, sól i pieprz do smaku. I już!

KRUPNICZEK JAGLANY

- 1 marchewka
- 1 pietruszka
- 1 ziemniak
- 2 ząbki czosnku
- pół szklanki kaszy jaglanej
- 750 ml wody
- sól, pieprz
- majeranek, zioła prowansalskie, kilka ziarenek ziela angielskiego, liść laurowy, łyżka suszonej bazylii,
- łyżka oliwy

Kaszę jaglaną dobrze wypłucz. W garnku o grubym dnie przesmaż na sucho czosnek pokrojony na ćwiartki, pokrojone marchewkę, pietruszkę i ziemniak. Dodaj przyprawy i zamieszaj. Dodaj kaszę. Dolej gorącej wody i gotuj całość do miękkości składników (około 20 minut). Posól, popieprz do smaku, dosyp bazylii. Dodaj łyżkę oliwy. Podawaj z dużą ilością natki.

DELIKATNA ZUPA KREM Z CUKINII

● 2 średnie cukinie ● 1 spory ząbek czosnku ● kawałek imbiru (2 cm) ● 500 ml bulionu warzywnego lub wody ● mała puszka mleczka kokosowego (165 ml) ● 2 łyżki oleju ● sól, pieprz ● wiórki kokosowe (ewentualnie)

Cukinię umyj i pokrój w plasterki. Na oleju kokosowym przesmaż imbir i czosnek (około 3 minut, uważaj, żeby nie przypalić), potem cukinię (5 minut). Całość zalej bulionem lub wodą, tak by tylko zakryć cukinię, i gotuj ją do miękkości (około 20 minut). Po ugotowaniu lekko przestudź, zmiksuj i dopraw delikatnie solą, pieprzem i mleczkiem kokosowym. Możesz posypać wiórkami kokosowymi delikatnie zrumienionymi na suchej patelni.

WYWAR WARZYWNY NA DZIEŃ PŁYNNY (I NIE TYLKO – JEST IDEALNY DO ZUP KREMÓW)

● 3 litry wody ● 2 pęczki dobrej włoszczyzny (z uprawy ekologicznej): 2 pory, 1 seler, 6 marchewek, 6 pietruszek, ● 2 cebule

Warzywa pokrój na spore kawałki. Cebule zrumień na patelni razem z łupinką. Wrzuć ją do rozgrzanego garnka razem z włoszczyzną i duś na sucho przez kilka minut, mieszając warzywa. Zalej wrzącą wodą. Dodaj kilka liści laurowych, kilka ziarenek pieprzu i kilka ziarenek ziela angielskiego. Gotuj całość na małym ogniu do miękkości. 10 minut przed zakończeniem gotowania możesz dorzucić zielone liście selera i natki, które dodadzą wywarowi pięknego koloru i aromatu.

RYŻANKA Z POREM I SUSZONĄ ŚLIWKĄ

- 600 ml wywaru warzywnego lub wody
- 200 g porów przekrojonych wzdłuż, jeszcze raz wzdłuż i dalej w kwadraciki o boku około 2,5 cm
- 4 śliwki bez pestek podzielone na pół
- 70 g ugotowanego białego ryżu basmati
- oliwa
- sól, pieprz

Rozgrzej oliwę i przesmaż na niej pory, mieszając, żeby się nie przypaliły, przez około 8 minut. Dodaj do bulionu, posól i popieprz. Doprowadź do wrzenia i gotuj na małym ogniu około 45 min. Dodaj śliwki i ryż. Gotuj jeszcze 20 minut. Przed podaniem dopraw gomasio i posyp natką

PYSZNY KREM Z PORÓW

● 1 duży por ● 1 duży ziemniak ● oliwa ● gałka muszkatołowa ● natka ● sól ● pieprz

W garnku rozgrzej oliwę. Z pora odetnij liście i pokrój go w plasterki. Ziemniaka obierz ze skórki i pokrój w kawałki. Zalej pół litrem gorącej wody. Przypraw wedle uznania pieprzem i solą. Gotuj przez 20 minut. Dodaj startą gałkę muszkatołową. Zmiksuj na krem. Posyp świeżą natką.

SŁONECZNA ZUPA KREM Z DYNI HOKKAIDO

● pół dyni hokkaido (około 750 g) ● kawałek imbiru (2 cm) ● pół czerwonej cebuli ● olej kokosowy ● sok z pół pomarańczy ● cieniutko obrana skórka z pół umytej pomarańczy ● sól, pieprz ● świeża kolendra lub pestki dyni

Dynię piecz w piekarniku nagrzanym do temperatury 200 stopni przez 45 minut. W garnku rozgrzej olej kokosowy i przesmaż do miękkości pokrojoną w kostkę lub piórka cebulę oraz posiekany imbir (około 5 minut). Dodaj upieczoną, pokrojoną na kawałki dynię. Zalej gorącą wodą lub bulionem warzywnym. Gotuj przez 5 minut. Pod koniec gotowania dodaj skórkę pomarańczy, pogotuj jeszcze około 10 minut, następnie dodaj sok. Przypraw wedle uznania pieprzem i solą. Zmiksuj na krem. Posyp świeżą kolendrą lub/i pestkami dyni.

ZUPA KOJĄCA

● 2 małe marchewki ● 2 małe pietruszki ● 2 średnie ziemniaki ● 1/2 szklanki czerwonej soczewicy ● kawałek imbiru (1 cm) ● 1 ząbek czosnku ● 750 ml wody ● sól, pieprz, kurkuma, bazylia, suszona zmielona kolendra ● świeża kolendra lub natka ● małe opakowanie mleka kokosowego (ewentualnie)

Soczewicę dokładnie opłucz. W garnku przesmaż przez 3 minuty wszystkie warzywa, czosnek i pokrojony na kawałki imbir. Zalej wrzątkiem. Dodaj sól, pieprz i przyprawy. Gotuj 10 minut na małym ogniu. Dopraw pieprzem i solą do smaku. Podawaj ze świeżą kolendrą lub natką. Możesz dodać mleko kokosowe.

Zupy surowe

Fantastyczne na ciepłe dni.

SUROWA ZUPA Z BROKUŁÓW Z PASTĄ Z NERKOWCÓW

- 1 mała główka brokułów
- 1/2 soku z cytryny lub mniej (trzeba próbować)
- 1/2 awokado (albo więcej)
- 1 plasterek świeżego imbiru
- sól i pieprz do smaku
- szklanka wody
- garstka nerkowców moczonych wcześniej kilka godzin

Wszystkie składniki (oprócz orzechów) razem zmiksuj. Wody i awokado możesz dodać więcej. Więcej awokado sprawi, że zupa będzie miała bajecznie aksamitną konsystencję. Zamiast chłodnej, możesz dolać ciepłej wody (ale w temperaturze nie wyższej niż 45 stopni C). Orzechy zmiksuj oddzielnie, by każdy mógł sam doprawić sobie nimi zupę.

SŁYNNY HISZPAŃSKI CHŁODNIK GAZPACHO

● 3 duże pomidory ● 3 ogórki ● 1/2 papryki w dowolnym kolorze ● 1,5 małej czerwonej cebuli ● sok z 1/2 cytryny ● sól, pieprz, ostra papryka lub tabasco ● 2 łyżki oliwy ● łyżeczka octu winnego ● 1 mały ząbek czosnku

Pomidory sparz wrzątkiem i obierz ze skórki. Zmiksuj je z 2 ogórkami, 1 cebulą i sokiem z cytryny. Czosnek przepuść przez praskę i dodaj do całości. Posól, popieprz. Jeśli lubisz ostry smak, dopraw zupę chilli lub tabasco. Wstaw na 2 godziny do lodówki, by zupa dobrze się schłodziła. Tuż przed podaniem pokrój w drobną kostkę paprykę, ogórki i cebulę. Zupę nalej do miseczki i posyp pokrojonymi warzywami.

BŁYSKAWICZNY CHŁODNIK OGÓRKOWY

● 6 średnich ogórków gruntowych lub 1 ogórek wąż ● 1 awokado ● kilka rzodkiewek ● 1 ogórek małosolny (ewentualnie) ● szczypiorek ● koperek ● sól, pieprz ● łyżka soku z cytryny ● 1 przeciśnięty przez praskę ząbek czosnku ● 200 ml wody ● oliwa

Ogórki i awokado obierz ze skórki, pokrój na małe kawałki i zmiksuj z 200 ml wody na aksamitny krem. Posiekaj rzodkiewkę, ogórek małosolny, koperek i szczypiorek, dodaj je do chłodnika i wymieszaj. Możesz wycisnąć do środka także ząbek czosnku. Dopraw solą, pieprzem i cytryną. Podawaj schłodzony i skropiony oliwą.

Miski obiadowe

Drugie dania nazwałam miskami, bo tak właśnie najczęściej wygląda mój lunch – mieszam w misce kaszę albo fasolkę lub inne strączkowe z warzywami, polewam oliwą, sokiem z cytryny, posypuję świeżymi ziołami i kiełkami oraz posypkami z ziaren, pestek i orzechów. Mieszam i mój obiad jest gotowy. Żeby mój solidny popołudniowy głód nie czekał długo na zaspokojenie, albo przyrządzam sobie taką miskę, pakuję do ładnego pojemnika i zabieram ze sobą w świat, albo, jeśli pracuję w domu, gotuję sobie kaszę wcześniej. Ugotowaną kaszę i warzywa właściwie zawsze mam w lodówce, dzięki temu unikam sytuacji, w których wracam głodna do domu i rzucam się na byle co. Miski można oczywiście kreować w nieskończoność, do czego gorąco namawiam.

MISKA GRYCZANA NA ZIELONO

● 4 łyżki ugotowanej kaszy gryczanej ● garść ulubionych kiełków ● 1/2 awokado ● 1/4 papryki zielonej ● 1 mały ogórek lub 1/4 ogórka węża ● kilka rzodkiewek lub kawałek białej rzodkwi albo kalarepki ● w miarę możliwości listki świeżej bazylii, kolendry, mięty etc. (wedle uznania - nadają całości nowy wymiar smaku) ● winegret czosnkowy

Wszystkie warzywa bardzo drobniutko pokrój, świeże zioła porwij na mniejsze kawałki, połącz z kaszą, polej winegretem czosnkowym. Całość delikatnie wymieszaj.

MISKA QUINOA & COMPANY

● 4 czubate łyżki ugotowanej kaszy quinoa ● 1 średnia czerwona cebula ● 4 pieczarki ● 1/2 gruszki ● garść rukoli ● trochę dowolnych kiełków ● dowolne podprażone pestki, np. słonecznika, dyni, siemienia lnianego

Krótko podsmaż na oliwie drobno pokrojoną cebulkę, potem pieczarki, dodaj quinoę, chwilę jeszcze potrzymaj na ogniu. Na koniec wmieszaj rukolę, pół gruszki, udekoruj hojnie kiełkami i posyp pestkami.

Zeskanuj zdjęcie, żeby sprawdzić, jaka jest ulubiona miska obiadowa Kasi.

MISKA PEŁNA FASOLKI

● 4 łyżki ugotowanej fasolki adzuki ● 1 pomidor ● 1/2 pęczka natki ● 1/4 czerwonej cebuli ● winegret limonkowo-miodowy

Pomidor pokrój w kostkę, cebulę i natkę drobno posiekaj. Warzywa połącz z fasolką, wymieszaj z winegretem limonkowo-miodowym.

MISKA JAGLANA KOPERKOWO-MIĘTOWA

● 4 łyżki ugotowanej kaszy jaglanej ● 1/2 pęczka koperku ● 20 listków mięty ● 1/4 ogórka wężowego ● 1/2 awokado ● winegret limonkowo-miodowy

Ogórek i awokado pokrój w drobną kostkę. Koperek i miętę drobno posiekaj. Warzywa połącz z kaszą jaglaną i winegretem.

MISKA GRUSZKOWA PRZYJEMNOŚĆ

● kilka liści sałaty lodowej lub rzymskiej ● 1/4 kalarepki lub białej rzodkwi ● 1/2 gruszki ● 1/4 ogórka węża ● 10 namoczonych orzechów włoskich ● winegret balsamico

Liście sałaty umyj i porwij na mniejsze kawałki. Gruszkę i wszystkie warzywa pokrój na cienkie plasterki. Ułóż na sałacie, dodaj orzechy i wymieszaj z winegretem.

MISKA SURÓWKA MOCY

● 1 burak ● 10 orzechów nerkowca ● 1/2 pęczka kolendry ● winegret pomarańczowy ● kilka cząstek pomarańczy ● posiekane daktyle lub rodzynki (ewentualnie)

Orzechy podpraż na suchej patelni. Buraka zetrzyj na tarce o dużych oczkach, dodaj orzechy, cząstki pomarańczy, daktyle, kolendrę. Polej sosem pomarańczowym.

MISKA CZERWONA JAK BURAK

● 4 łyżki ugotowanej kaszy quinoa ● 1 pieczony burak ● 1 ogórek kiszony ● 1/2 pęczka natki ● czarnuszka ● winegret czosnkowy

Burak upiecz w piekarniku przez 40 minut (możesz to zrobić dzień wcześniej). Burak i ogórek pokrój. Natkę posiekaj. Warzywa połącz z kaszą, wymieszaj z winegretem, posyp czarnuszką.

MISKA CIECIERZYCA I SZPINAK

● 4 czubate łyżki ugotowanej ciecierzycy ● 1/2 opakowania świeżego szpinaku ● 1 łyżka oliwy ● sól ● pieprz ● curry ● kminek mielony ● gałka muszkatołowa ● czosnek (ewentualnie) ● cytryna

Rozgrzej czosnek na oliwie, dodaj szpinak i szybko go przesmaż, aż się skurczy. Przypraw solą, pieprzem, curry, kminkiem i gałką muszkatołową. Połącz z ciecierzycą. Podawaj z cytryną.

MISKA POMARAŃCZOWY SZPINAK

● 1/2 opakowania szpinaku ● 1/2 pomarańczy ● 1/2 awokado
● kilka liści kruchej sałaty rzymskiej lub lodowej
● kawałek wędzonego lub naturalnego tofu
● ziarenka sezamu
● winegret pomarańczowy

Obierz pomarańczę, podziel na cząstki i usuń z niej białe błonki. Awokado przekrój na pół, usuń pestkę i łyżką oddziel miąższ od skórki. Pokrój na plastry. Tofu pokrój w paski. Na talerzu ułóż porwane na mniejsze części liście szpinaku i sałaty, kawałki pomarańczy, awokado i tofu. Polej sosem pomarańczowym, posyp ziarenkami sezamu i delikatnie wymieszaj.

Winegrety

LIMONKOWO-MIODOWY

● sok z 1/2 limonki ● 4 łyżki oliwy ● łyżeczka miodu ● ząbek czosnku ● sól ● pieprz

Sok z limonki połącz z solą i pieprzem, dodaj wyciśnięty czosnek i miód, na końcu oliwę. Całość wymieszaj.

CZOSNKOWY

● 1/4 łyżeczki soli ● 1/4 łyżeczki pieprzu ● mały ząbek czosnku ● łyżeczka soku z cytryny ● 2 łyżki oliwy

Sól, pieprz i sok z cytryny wymieszaj z przeciśniętym przez praskę czosnkiem, dodaj oliwę, jeszcze raz energicznie zamieszaj.

TAHINOWY

● 1 łyżka tahini ● sok z 1/2 cytryny ● 1/4 łyżeczki soli ● 2 łyżki oliwy ● 1/2 łyżki posiekanego świeżego imbiru

Wszystkie składniki wymieszaj.

POMARAŃCZOWY

● sok i miąższ z 1/2 pomarańczy ● sok z 1/2 cytryny ● 1/2 łyżeczki soli morskiej ● 1/4 łyżeczki pieprzu ● łyżka oliwy ● 1/2 łyżeczki świeżego startego imbiru ● ewentualnie miód

Wszystkie składniki wymieszaj.

POMARAŃCZOWY II

● 2 łyżki oliwy ● 1/2 łyżeczki soku z cytryny ● łyżka soku z pomarańczy ● łyżeczka startej skórki pomarańczowej ● sól, pieprz

Wszystkie składniki wymieszaj.

LIMONKOWO-SEZAMOWY DO ZIELONYCH SAŁAT

● 3 łyżki soku z limonki lub cytryny ● 1 łyżka oleju sezamowego ● 3 łyżki oliwy ● 1 mały ząbek czosnku ● 1/2 łyżeczki soli ● 1/4 łyżeczki pieprzu

Wszystkie składniki wymieszaj.

BALSAMICO DO ZIELONYCH SAŁAT

● 1 łyżka balsamico ● 3 łyżki oliwy ● 1 mały ząbek czosnku ● 1/2 łyżeczki soli ● 1/4 łyżeczki pieprzu

Wszystkie składniki wymieszaj.

UWAGA: Winegretu możesz zrobić więcej i przechowywać w lodówce nawet tydzień. Przed użyciem zawsze należy energicznie wymieszać składniki sosu.

Bez tych przypraw ani rusz!

● bazylia ● tymianek ● oregano ● majeranek ● cząber ● zioła prowansalskie ● gałka muszkatołowa ● ziele angielskie ● pieprz czarny i kolorowy ● pieprz cayenne

Posypki

Posypką nazywam wszystkie możliwe orzechy i ziarenka zmielone, zmieszane, wstrząśnięte, podprażone, którymi można posypywać owsianki, sałaty, surówki, zupy, miski i kolacje. Posypką może być zarówno zmielone siemię lniane, jak i gomasio, a także miks całego siemienia ze słonecznikiem albo podprażone płatki migdałowe lub pestki dyni. Możliwości jest wiele, zostawiam Ci pole do popisu. U mnie w domu na kuchennym stole zawsze stoi świeża posypka, którą przygotowuję raz na trzy dni i używam niemal do wszystkiego jako naturalny, megazdrowy suplement diety.

PRZYPRAWY

Przyprawy to podstawa kuchennej alchemii. Potrafią całkowicie odmienić smak nudnej potrawy i nadać jej świeżości oraz etnicznej nuty. W mojej kuchni mam na nie oddzielną szufladę i hojnie ich używam. Szybko wietrzeją, dlatego koniecznie należy je przechowywać w szczelnie zamkniętych, najlepiej hermetycznych pojemnikach, w miejscach chłodniejszych i bez dostępu światła. Ja część trzymam w słoiczkach, część w firmowych opakowaniach, które po pierwszym użyciu ciasno spinam drewnianym spinaczem do bielizny. Przed zastosowaniem zawsze rozcieram je w dłoniach, żeby uwolnić ich smak i aromat. Kupuję też często świeże zioła w doniczkach i dodaję je do kasz i sałatek. Niesamowite, jak listek melisy lub mięty podkręca smak musu owocowego czy czekoladowego. Bazylia i kolendra dodane do warzyw nadają im zupełnie inny wymiar smaku, podobnie jak kilka ziarenek czarnuszki uczyni z buraka królewski posiłek. Koniecznie wprowadź do swojej kuchni orientalne przyprawy: czarną gorczycę, anyż, cynamon, kolendrę, imbir, curry, kmin i gotowe mieszanki, np. garam masala.

● papryka słodka i ostra ● fenkuł ● kolendra ● anyż ● kumin ● kminek ● gorczyca czarna i żółta ● imbir świeży i suszony ● curry ● garam masala ● kurkuma ● sól morska i himalajska

Podwieczorki bez cukru

Słyszysz hasło „podwieczorek bez cukru" i brzmi to dla Ciebie równie atrakcyjnie jak „szampan bez bąbelków"? Spokojnie, jest o niebo lepiej, niż myślisz. W programie Happy Detoks podaję niewiarygodnie proste przepisy na zadziwiająco pyszne desery. Zdziwisz się, jak świetnie może smakować mus czekoladowy z awokado czy budyń jaglany o smaku mango. Poza tym dieta Happy Detoks jest tak zaprojektowana, aby dostarczać Ci słodkiego smaku w innych posiłkach, co w efekcie zmniejsza łaknienie na tradycyjne słodycze. Po pewnym czasie Twój organizm jest tak oczyszczony i odkwaszony, że w naturalny sposób traci ochotę na bezwartościowy cukier i domaga się tego, co go autentycznie wzmacnia, buduje i odżywia.

MUS BANANOWO-GRUSZKOWY

Musy owocowe to najprostsze z deserów, świetnie smakują z granolą domowej produkcji albo kaszą jaglaną. Pamiętaj, że banan i awokado dzięki swojej konsystencji nadają musom jedwabiste wykończenie.

● 1 banan ● 1 gruszka ● 1 łyżeczka soku z cytryny lub limonki ● cynamon ● płatki migdałowe

Banana oraz gruszkę pokrój i zmiksuj, dodaj odrobinę soku z cytryny lub limonki. Dosyp rozdrobnione płatki migdałowe – zrobi się intrygująco. Posyp cynamonem. Możesz używać do musów innych owoców, pole do popisu jest nieskończone.

GĘSTE KAKAO Z MLECZKIEM KOKOSOWYM – SZCZĘŚCIE W PŁYNIE!

- 1 czubata łyżka kakao
- 4 łyżki mleka kokosowego
- świeżo starta skórka pomarańczowa
- plasterek imbiru
- kilka ziarenek kardamonu
- 200 ml wody

Łyżkę kakao dobrze wymieszaj z 4 łyżkami mleczka kokosowego, tak aby powstała gładka, gęsta masa. Równolegle zagotuj w rondelku 200 ml wody ze skórką pomarańczową, imbirem i kardamonem. Dodaj wodę do kakao, ponownie dobrze zamieszaj i ponownie wlej całość do rondelka i doprowadź do wrzenia. Możesz dosłodzić miodem, stewią lub ksylitolem.

JABŁKO SEZAMOWE

- 1 jabłko
- 2 łyżki jasnego lub czarnego sezamu

Jabłko pokrój w plasterki i obtocz je w sezamie.

MUS CZEKOLADOWY Z AWOKADO

Nikt nie chce wierzyć, że ta czekoladowa pychota jest zrobiona z awokado!

- 1 małe miękkie awokado lub 1/2 dużego
- 1 mały dojrzały banan
- 2 czubate łyżeczki kakao

Awokado i banana obierz ze skórki, rozdrobnij, dodaj kakao i zmiksuj na aksamitny krem. Podawaj w pucharku posypany wiórkami kokosowymi lub płatkami migdałowymi. Pięknie wygląda i doskonale smakuje z malinami albo truskawkami.

BUDYŃ Z MANGO I KASZY JAGLANEJ

Ten deser to moja wielka miłość – ma aksamitną konsystencję, optymistyczny kolor i delikatny smak.

- 4 łyżki ugotowanej kaszy jaglanej
- 1/2 dojrzałego mango
- 3 łyżki soku z pomarańczy

Mango obierz ze skórki, pokrój na mniejsze kawałki, dodaj kaszę i sok z pomarańczy. Całość zmiksuj. Zamiast soku z pomarańczy możesz użyć soku z limonki. Uzyskasz bajeczny, odświeżający krem o konsystencji budyniu. Uwielbiam!

Zeskanuj zdjęcie, żeby zobaczyć, jak Kasia przygotowuje mus czekoladowy z awokado

POMARAŃCZA Z CYNAMONEM I ORZECHAMI PEKAN

To niesamowite, jak odrobina cynamonu, kilka orzechów pekan i sposób podania zmieniają zwykłą pomarańczę w wykwintny deser.

- 1 pomarańcza
- kilka orzechów pekan
- cynamon

Pomarańczę obierz ze skórki i pozbaw białej błonki. Pokrój w poprzek na plastry. Ułóż na talerzu, posyp orzechami pekan oraz cynamonem.

SOK Z ZASADAMI

Jak sama nazwa wskazuje, świetnie odkwasza organizm.

● 1 burak ● 1 jabłko ● pół grejpfruta ● kawałek imbiru (2 cm) ● pół cytryny

Z całego tego towarzystwa wyciśnij wszystkie soki w sokowirówce lub wyciskarce.

KULKA ENERGII

Baaardzo słodka i sycąca. Znakomicie zaspokaja zachciankę na słodycze. Możesz zrobić ich więcej i przechowywać przez tydzień w lodówce.

● 1 łyżka tahiny ● 1 łyżeczka miodu ● zmielone siemię lniane ● szczypta soli ● ewentualnie: kakao, cynamon, wiórki kokosowe – do wyboru

Płynne składniki i sól łączymy, dosypujemy tyle siemienia, by z masy dało się uformować zwartą kulkę. Jeśli tahina i miód są gęste, nie ma potrzeby dodatkowo zagęszczać masy zmielonym siemieniem, można natomiast dodać do niej całe ziarenka siemienia albo posiekane rodzynki i orzechy, co zwiększy wartość odżywczą kulki i jej walory smakowe. Możemy obtoczyć ją wedle uznania w wiórkach kokosowych, cynamonie lub kakao.

Kolacje

Kolacje w programie Happy Detoks są lekkie, ale sycące. Jeśli jednak nadal będziesz głodna, możesz zjeść dodatkową porcję zupy lub przygotować miskę zielonej sałaty z ulubionym winegretem. Postaraj się nie jeść kolacji później niż dwie godziny przed snem.

ZIELONA SOCZEWICA Z POMIDOREM I OGÓRKIEM KISZONYM

● 10 dag zielonej soczewicy ● 1 pomidor ● 1 ogórek kiszony ● winegret czosnkowy

Soczewicę przed gotowaniem namocz przez pół godziny. Gotuj na małym ogniu od momentu zagotowania wody przez 20 minut – możesz to zrobić dzień wcześniej lub rano. Pomidor i ogórek pokrój w kostkę i wymieszaj z soczewicą. Polej winegretem czosnkowym lub posyp solą czosnkową, polej oliwą, wyciśnij kilka kropli cytryny. Możesz dodać natkę.

WARZYWA NA PARZE Z JARMUŻOWYM PESTO

- kilka różyczek kalafiora
- kilka różyczek brokułu
- kilka baby marchewek lub pokrojona w słupki większa marchewka
- kawałek białej rzodkwi lub kalarepki
- mały ziemniak pokrojony w słupki

PESTO Z JARMUŻU

- 5 dag słonecznika
- garść jarmużu
- sól, pieprz, oliwa (do uzyskania odpowiedniej konsystencji)
- ząbek czosnek

Warzywa gotuj na parze przez około 20 minut. Czekając na warzywa, przygotuj pesto, miksując wszystkie jego składniki. Zamiast jarmużu możesz użyć bazylii lub natki. Gotowe warzywa polej pesto.

PIECZONA CUKINIA Z POMIDORKAMI NA LIŚCIACH SAŁATY

● 1 mała cukinia ● kilka pomidorków cherry ● oliwa ● sól ● pieprz ● czosnek ● rozmaryn ● podprażone na suchej patelni ziarna słonecznika ● sałata

Piekarnik nagrzej do 220 stopni. W miseczce połącz oliwę z solą, czosnkiem i świeżym rozmarynem. Cukinię umyj i pokrój wzdłuż obieraczką do warzyw w cienkie plastry. Każdy plaster posmaruj z dwóch stron oliwną marynatą. Ułóż cukinię na blasze i piecz przez 20 minut. Na ostatnie 5 minut włóż do piekarnika pomidorki i przełącz funkcję pieczenia na grill lub ruszt (chodzi o to, żeby cukinia się ładnie przyrumieniła). Możesz też usmażyć cukinię na patelni grillowej. Sałatę umyj i ułóż na talerzu. Na sałatę wyłóż upieczoną cukinię, pomidorki i posyp podprażonymi na suchej patelni ziarnami słonecznika.

JARMUŻ ORIENT EXPRESS Z MAKARONEM RYŻOWYM

● 1/2 opakowania lub pęczka jarmużu ● 1 łyżka oleju kokosowego ● kilka orzechów nerkowca ● kilka rodzynek ● 3 łyżki sosu sojowego ● 1 łyżeczka miodu ● sól, pieprz ● papryka chilli ● małe opakowanie makaronu ryżowego

Makaron przygotuj według opisu na opakowaniu – zwykle moczy się go przez 5 minut we wrzącej wodzie i jest gotowy do zjedzenia. Z liści jarmużu usuń nerw główny i porwij je na małe kawałki. Na patelni rozgrzej olej kokosowy i podpraż na nim orzeszki nerkowca, dodaj jarmuż i smaż około 4 minut, aż skurczy się i zmięknie. Wsyp rodzynki. Wymieszaj sos sojowy z solą, pieprzem, chilli i miodem. Do jarmużu dodaj makaron oraz sos sojowy i wymieszaj składniki.

PIECZONE JABŁKA Z SURÓWKĄ PIĘKNOŚCI

● 2 jabłka ● cynamon ● 2 średnie marchewki ● kilka namoczonych migdałów ● zmielone siemię lniane ● jagody goji lub rodzynki ● winegret tahinowy

PIECZENIE JABŁEK

Piekarnik nagrzej do temperatury 220 stopni. Jabłka przekrój na pół i piecz przez około 30–40 minut, aż będą miękkie. Po upieczeniu posyp cynamonem.

SURÓWKA PIĘKNOŚCI

Marchewkę zetrzyj na tarce o grubych oczkach, dodaj namoczone migdały, zmielone siemię lniane, jagody goji lub rodzynki i wymieszaj z winegretem tahinowym.

CUKINIA DUSZONA Z JABŁKIEM I RYŻ DAKTYLOWY

● 1 cukinia ● 1 słodkie jabłko ● 1 mała czerwona cebula ● 1 pomidor ● pół pęczka natki lub kolendry ● łyżka oleju kokosowego ● gwiazdka anyżu ● ziarenka kopru włoskiego ● zmielona kolendra ● sól ● pieprz

Cukinię pokrój w plasterki, a jabłko, cebulę, obrany ze skórki pomidor – w kostkę, natkę posiekaj. Rozpuść olej kokosowy i zeszklij na nim cebulę. Dodaj jabłka i dobrze wymieszaj. Dodaj pomidory i cukinię. Przypraw solą i pieprzem, dorzuć gwiazdkę anyżu, łyżeczkę ziaren kopru włoskiego, łyżeczkę zmielonej kolendry. Duś na małym ogniu jeszcze przez 8 minut, aż cukinia będzie miękka, ale nie rozgotowana. Wymieszaj i dodaj natkę lub kolendrę.

RYŻ DAKTYLOWY

● 10 dag ryżu ● 3 daktyle suszone ● przyprawa żółte curry

Ryż ugotuj. Daktyle namocz w wodzie przez około 10 minut. Pokrój daktyle na małe kawałki, połącz z ugotowanym ryżem, dodaj przyprawę curry.

QUINOA PO ARABSKU

● 10 dkg komosy ryżowej ● 1 pomidor ● pół papryki ● 1/4 ogórka wężowego ● 1 pęczek natki ● 1 pęczek mięty ● 1 ząbek czosnku ● sól, pieprz ● sok z 1/2 cytryny ● oliwa

Komosę ryżową ugotuj. Pomidor sparz wrzątkiem i obierz ze skórki. Wszystkie warzywa pokrój w bardzo drobną kostkę. Posiekaj natkę i miętę. Połącz składniki. Dodaj wyciśnięty przez praskę czosnek, sok z cytryny, oliwę, sól i pieprz.

PIECZONE ZIEMNIAKI I KAPUSTA KISZONA Z JABŁKIEM

PIECZONE ZIEMNIAKI

- 1 duży ziemniak lub 2 małe
- garam masala, sól
- oliwa

Ziemniaki pokrój w łódki, posyp garam masalą i odrobiną soli, skrop oliwą i postaw na blasze wyłożonej papierem do pieczenia. Piecz przez 30 minut, aż będą zrumienione i złociste. W czasie pieczenia kilkakrotnie wymieszaj.

KAPUSTA KISZONA Z JABŁKIEM

- 20 dkg kapusty kiszonej
- 1/2 słodkiego jabłka
- 3–4 suszone pomidory (opcjonalnie)
- kminek
- garam masala
- 1 łyżka oliwy

Kapustę posiekaj ostrym nożem. Dodaj jabłko starte na tarce o grubych oczkach, suszone pomidory pokrojone w kawałki, kminek i garam masalę do smaku. Całość wymieszaj.

MAKARON BRĄZOWY Z SUROWYM SOSEM Z POMIDORÓW

- 10 dag brązowego makaronu

Makaron ugotuj według przepisu na opakowaniu z odrobiną soli i łyżeczką oliwy.

SUROWY SOS Z POMIDORÓW

● 2 pomidory ● ząbek czosnku ● pęczek bazylii ● oliwa ● sól ● pieprz

Pomidory sparz wrzątkiem i obierz ze skórki. Pokrój w kostkę. Bazylię porwij na drobne kawałki, wyciśnij ząbek czosnku, dodaj sól, pieprz, oliwę.

Ugotowany makaron polej surowym sosem i dobrze wymieszaj. Możesz go posypać świeżo zmielonym pieprzem.

Bibliografia

I. Dieta, odżywianie i oczyszczanie organizmu

Baroody Theodore A. Dr: *Alkalize or die. Superior Health Through Proper Alkaline-Acid Balance,* Holographic Health Inc, 1991

Barnouin Kim, Freedman Rory: *Wegańska Bogini,* Helion, Gliwice, 2009

Bator Julita: *Zamień chemię na jedzenie,* Znak, Kraków, 2013

Bishop Beata, Gerson Charlotte, *Terapia Doktora Gersona. Leczenie raka i innych chorób przewlekłych,* Vichara, Pewel Mała, 2008

Boutenko Victoria: *Rewolucja zielonych koktajli,* Purana, Lutynia, 2010

Cabot Sandra Dr: *Świeże soki z warzyw i owoców mogą uratować Twoje życie,* Mada, Warszawa, 2007

Campbell T. Colin, Campbell Thomas M.: *Nowoczesne zasady odżywiania. Przełomowe badanie wpływu żywienia na zdrowie,* II, Galaktyka, Łódź 2011

Carr Kris: *Crazy Sexy Diet,* Skirt!, Guilford, Connecticut, 2011

Chopra Deepak Dr: *Zdrowie Doskonałe. O harmonii ciała i umysłu,* W.A.B., Warszawa, 2007

Davis William: *Dieta bez pszenicy,* Bukowy Las, Wrocław, 2013

Farquharson Marie: *Naturalne metody oczyszczania organizmu,* Amber, Warszawa, 2001

Foster Helen: *Detoks. Jak oczyścić organizm. 14 skutecznych strategii,* Grupa Wydawnicza Foksal, Warszawa, 2014

Fuhrman Joel Dr: *Jeść, by żyć,* Varsovia, Warszawa, 2014

Janecek Horst Dr: *Post Leczniczy,* Oficyna Wydawnicza ABA, Warszawa

Junger Alejandro: *Clean,* Larum, Warszawa, 2011

Kopocz Karolina, Szaciłło Maciej: *Karolina na detoksie. Oczyszczanie organizmu w 7 dni,* Agora, Warszawa, 2014

McKeith Gillian: *Jesteś tym, co jesz – dieta, która zmieni twoje życie,* REBIS, Poznań 2005

Olędzka Agnieszka (red.):, *Głodówka lecznicza dla zdrowia,* Oficyna Wydawnicza Vega, Warszawa, 2012

Pitchford Paul: *Odżywianie dla zdrowia,* Galaktyka, Łódź 2008

Prelitz Becky, Virtue Doreen Dr: *Anielska Dieta, Odżywianie na duchowej ścieżce,* Illuminatio, Białystok, 2011

Reid Daniel: *Tao Zdrowia,* Rebis, Poznań, 1995

Reid Daniel: *The Tao of Detox. The Natural Way to Purify Your Body for Health and Longevity,* Pocket Books, London, 2007

Rose Natalia: *Surowa dieta oczyszczająca. Sposób na zdrowy organizm,* Studio Astropsychologii, Białystok, 2010

Temelie Barbara, Trebuth Beatrice: *Gotowanie według Pięciu Przemian,* Czerwony Słoń, Gdańsk, 2007

II. Joga

Chopra Deepak, Simon David: *Joga. Siedem duchowych praw z ćwiczeniami,* Studio EMKA, Warszawa, 2006

Farhi Donna: *Joga – sztuka życia,* Ręczna Robota, Warszawa, 2011

Frawley David Dr: *Yoga and Ayurveda,* Lotus Press, Twin Lakes, 1999

Gannon Sharon, Life David: *Jivamukti Yoga,* Ballantine Books, New York, 2002

Góra Joanna, Szopa Janusz: *Joga. Ruch – Oddech – Relaks,* Kos, Katowice, 2005

Hatha Yoga Pradipika, Sivananda Yoga Vedanta Centre, India, 2008
Iyengar B.K.S.: *Joga,* Państwowe Wydawnictwo Naukowe, Warszawa 1990
Iyengar B.K.S.: *Joga Światłem Życia,* Galaktyka, Łódź, 2006
Jois K. Pattabhi Sri: *Joga Mala,* Virya, Warszawa
Lidell Lucy, Rabinovitch Narayani i Gris: *Joga. Przewodnik dla początkujących i znawców,* Oficyna Wydawnicza Delta W-Z, Warszawa
Niedaszkowski Bartosz V.: *Joga i Ajurweda,* Pracownia, Warszawa, 2007
Rodrigues Dinah: *Joga Hormonalna,* KOS, Katowice, 2006
White Ganga: *Yoga Beyond Believe. Insights to Awaken and Deepen Your Practice,* North Atlantic Books, Berkeley, California, 2007

III. Oddech

Lysebeth Andre Van: *Pranajama. Dynamika Oddechu,* Studio Astropsychologii, Białystok 2005
Schirner Markus: *Techniki oddychania,* KOS, Katowice, 2003
Sisson Colin P.: *Niezwykła moc świadomego oddychania,* Medium, Konstancin-Jeziorna, 2005
Sivananda Swami Sri: *Svara Yoga,* The Divine Life Society Publication, India, 2006
Sivananda Swami Sri: *The Science of Pranayama,* The Divine Life Society Publication, India, 2008

IV. Medytacja i uważność

Andre Christophe: *Medytacja dzień po dniu,* Wydawnictwo Czarna Owca, Warszawa, 2013
Goenka S.N.: *Sztuka Życia. Medytacja Vipassana,* Zysk i S-ka, Poznań, 2009
Kabat-Zinn Jon: *Gdziekolwiek jesteś, bądź,* IPSI Press, Warszawa, 2007
Kabat-Zinn Jon: *Praktyka uważności dla początkujących,* Wydawnictwo Czarna Owca, Warszawa, 2014
Kabat-Zinn Jon, Segal Zindel, Teasdale John, Williams Mark: *Świadomą drogą przez depresję. Wolność od chronicznego cierpienia,* Wydawnictwo Czarna Owca, Warszawa, 2009
Kornfield Jack: *Tao Medytacji,* Helion, Gliwice, 2008
Loreau Dominique: *Sztuka Prostoty,* Jacek Santorski & Co Agencja Wydawnicza, Warszawa, 2008
Rinpoche Yongey Mingyur, Swanson Eric: *Żyj z radością,* Galaktyka, Łódź, 2008
Thich Nhat Hanh: *Cud uważności,* Wydawnictwo Czarna Owca, Warszawa, 2011
Vishnu-Devananda Swami: *Meditation and Mantras,* OM Lotus Publishing Company, New York, 2000

V. Portale medyczne, wegetariańskie i wegańskie

www.eatright.org
www.health.harvard.edu
www.medicalnewstoday.com
www.nlm.nih.gov
www.veganhealth.org
www.vegansociety.com
www.vegetarian.org.uk
www.vegetariannutrition.net
www.vrg.org
www.webmd.com

Zdaniem dietetyczki

Zuzanna Antecka, dietetyczka z Centrum Psychoterapii i Psychodietetyki „Równowaga":

W pierwszej chwili tytuł „Happy Detoks" mnie zaskoczył. Jak detoks, który kojarzy się z wyrzeczeniem, zakazami, trudem i ograniczeniami, może być radosny? Okazuje się, że nie tylko może, ale wręcz musi, jeżeli chcemy w nim wytrwać i osiągnąć sukces. Przewodnikiem po takim „radosnym" detoksie jest właśnie książka „Happy Detoks" Kasi Bem.

Wiele osób może zastanawiać się, czy w ogóle potrzebny jest nam detoks. Niestety, środowisko, w jakim żyjemy, i jedzenie, które spożywamy, nie wspierają naszego organizmu w jego naturalnych procesach oczyszczających. Wątroba i nerki (nasze główne „oczyszczalnie") często nie nadążają z procesami detoksykacji. Nadmiar toksyn w ciele nie musi natomiast objawiać się konkretnymi skutkami. Często symptomy są łagodne i niemal niezauważalne. Są to zmęczenie, senność, bóle głowy, wahania nastrojów, trudności z utrzymaniem prawidłowej masy ciała. Jedną z przyczyn takiego stanu rzeczy może być długotrwałe zakwaszenie organizmu, spowodowane współczesną, wysoko przetworzoną dietą. Receptą, proponowaną przez autorkę, jest codzienne spożywanie naturalnych pokarmów i składników o właściwościach alkalizujących, które pomogą utrzymać odpowiednią równowagę kwasowo-zasadową w organizmie. Produkty te poza swoją zasadotwórczą mocą mają również wiele innych zalet. Poprawiają m.in. stan skóry, włosów, paznokci, wzmacniają odporność, dodają energii i ułatwiają zrzucenie nadprogramowych kilogramów. Nawet więc jeśli nie cierpimy z powodu zakwaszenia, dieta przedstawiana w książce „Happy Detoks" może przynieść wymierne korzyści dla zdrowia i samopoczucia.

Książka „Happy Detoks" to nie tylko ciekawe i bogate przepisy, garść solidnej, potwierdzonej wiedzy naukowej i sprawdzony wielokrotnie dziesięciodniowy plan samodzielnego oczyszczania organizmu. To także odpowiedź na pytanie: jak, stosując proste zalecenia, zmienić sposób myślenia o sobie, swoim ciele i odżywianiu?

Recenzje czytelniczek

Ta książka jest bardzo spójna, przemyślana i napisana przystępnym językiem. Jednocześnie zawiera ciekawe porady, które określiłabym jako „życiowe". Autorka szczerze i życzliwie dzieli się wiedzą, którą nabywała przez lata praktyki. W niezwykle interesujący sposób połączyła wiadomości na temat zdrowej diety, oczyszczania, jogi, oddychania i medytacji. Dodała do tego świetne, proste i czytelne przepisy. Widać, że jest osobą, która ma doświadczenie i wiedzę.
Aleksandra Spychała

Książka jest superlekka, momentami poruszająca i bardzo wiarygodna, także dzięki prawdziwym historiom osób, które przeprowadziły Happy Detoks. Od razu napędza do działania. Po jej lekturze miałam ochotę natychmiast zacząć oczyszczanie. Kasię powinno się sklonować, bo mało kto potrafi tak zarażać optymizmem jak ona!
Magdalena Morgun

Ta książka to wspaniała lektura, bo jest napisana prosto, od serca, szczerze i z miłością. A takie książki chce się czytać!
Ewa Jaworska

Książka Kasi to cała ona. Po prostu wspaniała!
Anna Wojtkiewicz

Książka podobała mi się ogromnie! Dziękuję za inspirację!
Magda Łubieńska

Podziękowania

Dziękuję najukochańszym Rodzicom, fantastycznemu synowi Ignacemu, wspaniałemu bratu Olkowi oraz przyjaciołom za ich nieustającą wiarę we mnie oraz cierpliwość i wsparcie w trakcie pisania tej książki. Podziękowania dla moich niesamowitych przyjaciółek: Agnieszki Łukasik, Agnieszki Dziewolskiej, Agaty Jankowskiej, Oliwii Gede-Niewiadomskiej, bo są zawsze, gdy ich potrzebuję, podobnie jak niezawodny przyjaciel Jacek Stalewski. Dziękuję z całego serca wspaniałym nauczycielom na ścieżce jogi, a szczególnie Swami Sitaramanandzie, która przekazuje tradycję Sivananda Jogi, za jej oświecającą mądrość. Dziękuję Edwardowi Orpikowi, który dodał mi odwagi do pisania, gdyż uznał, że to, co mam do przekazania, jest ważne. Podziękowania dla Agnieszki Zieniuk i Agnieszki Celej, które sprawiły, że rozpisałam się na dobre. Słowa wdzięczności kieruję do moich wspaniałych uczniów, którzy codziennie mobilizują mnie do bycia coraz lepszym nauczycielem, od których i dla których nieustannie się uczę. Specjalne podziękowania kieruję do Małgosi Franke, mojej wydawczyni, która z entuzjazmem przyjęła pomysł napisania przeze mnie książki i doprowadziła do jej szczęśliwego wydania. Dziękuję też wszystkim tym, którzy mi kiedykolwiek bezinteresownie pomogli. Na koniec dziękuję jodze – za wszystko.